2012
제 3 9 집

꽃이 피네, 꽃이 지네

의사동인 박달회 수필집

도서출판 지누

박달회 정기 모임

(맨 윗줄 왼쪽부터) 홍지헌 채종일 이상구 최종욱 박문일 곽미영
(두 번째 줄 왼쪽부터) 홍순기 김숙희 한광수 유태연 남상혁 정동철
(아랫줄 왼쪽부터) 조재범 정준기 유형준 이헌영

의사동인 박달회 수필집 제 39집 '꽃이 피네, 꽃이 지네'를 상재(上梓)하며 회원 그리고 박달회를 사랑하는 모든 분들과 함께 기뻐한다.

회원 한 사람 한 사람 모두 의료계의 마땅한 자리에서 각자 맡은 값지고 빛나는 감당을 그린 글 한편 한편엔 우리 의료의 올 한 해가 고스란히 담겨 있다. 일년 365일 하루도 소홀함이 없이 생동하는 의사로서의 삶 자체의 글, 의료계의 현재와 미래를 잔잔하지만 오래 진동시키는 울림의 글들이 차곡차곡 담겨 있다.

「—— '박'은 밝이요, 밝다는 말이다. —— '달' 역시 음독으로 達을 빌어 쓴 것이고 뜻은 '뜰', '들[野]이다. 다시 말하면 '밝은 들'이라는——」[유태연, '박달의 의미', 박달회 제20집 수필집, 1993년] 의미를 진지하게 닮아 가고 있다. 회원간의 소통, 의료계와 다른 분야 사이의 이해, 독자들과의 공감의 공간으로서의 박달회 수필집의 역할이 더욱 튼실해지고 있기 때문이다.

회원을 위시한 모든 이들의 2012년 알찬 마무리와 2013년 계사년 새해의 만사형통을 기원한다.

● 카페 소개

-어느 문학 동인회든 이름을 갖고 있다. 갖가지 연유를 담고 있는 게 예사이더라도 어차피 보이고 들리며 닿는 것은 그 이름이다.
'박달회'의 '박달'. 이제는 애를 써도 제삼자의 객관성을 견지할 수 없음을 즐거이 고백하며 박달을 이야기한다.
http://cafe.naver.com/doctoressay

2012
제 39 집

꽃이 피네, 꽃이 지네

의사동인 박달회 수필집

도서출판 지누

박달회 제39집 수필집을 내며

의사동인 박달회 수필집 제 39집 '꽃이 피네, 꽃이 지네' 를 상재(上梓)하며 회원 그리고 박달회를 사랑하는 모든 분들과 함께 기뻐한다.

1974년 제1집 '못다한 말이' 이후 한 해도 거르지 않고 발간해 온 역대 수필집 서른 여덟 권 서른 여덟 해에 2012년 한 해 한 권을 수필집으로 묶어 보태는 뿌듯함을 한껏 누리고자 한다. 개인적으로도 1990년 '생명의 축제' 에 처음 동참한 이래 어느새 스물 세 번째 박달회 수필집 안에 동참할 수 있음을 스스로 대견스레 여긴다.

회원들의 옥고(玉稿)를 모아 펴내며 이번 제39집의 품격을 겸손하게 자찬(自讚)하여 뿌듯함과 대견함을 추슬러본다.

첫째로 제39집은 삼십구 년 성상(星霜)의 박달회가 지닌 성품을 그대로 담고 있다.

「우리 醫人들의 소박한 글솜씨였지만

---- 중략 ----

시대를 배경으로 한 나름대로의 自畵像이요 사회적인 精神史가 담긴 것으로 자부하고 싶다」

〈제20집 '박달 스무 해'〉

〈제20집 '박달 스무 해'〉에서는 소진탁 회원의 술회(述懷)처럼 글을 위한 글, 문장을 꾸리기 위한 글, 문학을 쌓기 위한 글이 아니다. 글 자체와 문장과 문학만의 글은 생명이 스러진 율법과 다름 아니다. 의료계 현장에서 체득하고 느낀 것들을 삭히고 다듬어 각자의 인품에 걸맞는 음성으로 씌어진 글이다. 회원 한 사람 한 사람 모두 의료계의 마땅한 자리에서 각자 맡은 값지고 빛나는 감당을 그린 글 한편 한편엔 우리 의료의 올 한 해가 고스란히 담겨 있다. 일년 365일 하루도 소홀함이 없이 생동하는 의사로서의 삶 자체의 글, 의료계의 현재와 미래를 잔잔하지만 오래 진동시키는 울림의 글들이 차곡차곡 담겨 있다.

두 번째는 문집의 집수(集數)를 더할수록 '박달'의 의미를 점점 더 밝게 드러내고 있다는 것이다.

「--- '박'은 밝이요, 밝다는 말이다. --- '달' 역시 음독으로 達을 빌어 쓴 것이고 뜻은 '뜰', '들[野]이다. 다시 말하면 '밝은 들'이라는--」

〈유태연, '박달의 의미', 박달회 제20집 수필집, 1993년〉

〈유태연, '박달의 의미', 박달회 제20집 수필집, 1993년〉에서는 의미를 진지하게 닮아 가고 있다. 회원간의 소통, 의료계와 다른 분야 사이의 이해, 독자들과의 공감의 공간으로서의 박달회 수필집의 역할이 더욱 튼실해지고 있기 때문이다.

이처럼 박달회의 빛나는 품성과 밝고 너른 의미를 품어 내는 귀한 작품들을 내주신 회원, 변함없이 박달회를 사랑하시고 아껴주시는 소진탁, 박양실, 문정림 회원, 자신의 일처럼 출간에 정성을 다한 조재범 총무, 성심껏 출판을 맡아주신 지누의 박성주 사장께 심중(心中)으로부터 감사한다.

회원을 위시한 모든 이들의 2012년 알찬 마무리와 2013년 계사년 새해의 만사형통을 기원한다.

2012년 12월 17일

의사수필 동인 박달회 회장 유 형 준(柳亨俊)

여는글

차례

홍순기

조재범

정동철

한광수

유형준

이상구

곽미영

정준기

백두산 천지가 열리다

아주 작은 생명 하나라도

악마의 대변인(devil's advocate)을 옆에 두자

50년 의료계의 변화와 발전

김숙희

· 고려대학교 의과대학 졸업
· 산부인과 전문의, 의학박사.
· 김숙희산부인과 의원 원장
· 고려대학교 의과대학 외래교수
· 서울시의사회 부회장
· 박달회 회원(2002~)
· 의사평론가상(2004)

· 주소 서울 관악구 신림 5동 1444-5 김숙희산부인과 의원
· Tel 02)884-1852,1855
· 홈페이지 http://www.charmdoctor.com
· e-mail charmdoctor@daum.net

백두산 천지가 열리다

전망대에 가득 몰려있는 관광객들의 아쉬움에도 아랑곳하지 않고 1시간이 지나도록 천지 주변은 바람의 기척도 짙은 회색 구름의 움직임도 보이지 않았다. 아무래도 한 번 방문에 천지의 모습을 볼 수 있는 행운이 따르지 않는구나 싶어 8월 중순인데도 한기를 느끼며 아쉽게 산등성이를 내려왔다.

주차장에 있는 휴게소에서 컵라면에 물을 붓고 기다리는데 서서히 바람이 불며 주변이 환해지기 시작했다. 우리는 컵라면을 두고 산등성이 전망대로 뛰어 올라가기 시작했다. 해발 2794미터 산꼭대기에서 나이를 생각하지 않은 뜀박질에 가슴이 터질 것 같았다. 그리고 전망대에 오르자 구름이 걷힌 천지의 모습이 펼쳐져 있었다. 사진에서 보았던 진한 에메랄드 빛 호수에 하늘을 찌를 것 같은 산봉우리를 바라보며 뛸 때보다 더 벅찬 가슴의 요동을 느꼈다. 금방 사라질 것 같은 천지의 장관을 카메라에 담으며 포기하고 내려갔다가 다시 천지를 만나게 된 행운에 감사했다.

백두산(중국에서는 장백산이라 한다) 입구에 도착해서 장백폭포를 구경하고 올 때까지 계속 우비를 입어야 했다. 백두산 천지까지는 청룡열차처럼 아찔한 중형 셔틀버스가 관광객들을 실어 날랐다.

다행히 구불구불한 산등성이를 오를 때는 날이 개면서 해가 나기 시작했고 차창 밖으로 펼쳐진 산등성이는 경이롭고 광대한 자연의 신비였다. 이 광활한 대지가 우리 선조의 땅이었을 텐데 아쉽기만 했다. 일제하 독립운동을 주도하던 우리 광복군들이 이곳에서 말을 타고 다녔을 모습도 상상해 보았다. 버스에서 내려 천지를 볼 수 있는 전망대에 올랐을 때는 짙은 먹구름이 가득해서 천지는 그저 구름바다일 뿐이었다.

가슴속에 천지의 아름다움을 담고 내려오다가 들렸던 지하산림욕장은 하늘을 찌를 듯한 원시림으로 우거진 숲의 궁전이었다. 몸과 마음을 각종 수목들이 뿜어내는 숲의 향기로 가득 채우고 내려오니 다시 비가 내리기 시작했고 백두산호텔에서 하룻밤을 묵었다. 측백나무 향이 가득한 백두산 호텔은 주변 경관에 잘 어울리는 목제 건물이었고 깃털처럼 가벼운 침구가 무척이나 포근하고 따뜻했다.

우리 모두의 가슴에도 천지와 같은 호수가 있다. 아름답고 투명한 구름 걷힌 천지의 모습도 있고 짙은 회색 구름에 숨어 바람에도 미동하지 않는 굳어 버린 모습이 있다. 모든 것을 보여주고 싶을 때도 있지만, 꼭꼭 숨어버리고 싶을 때도 있다. 가슴 속 호수도 천지처럼 아주 높은 곳에 있다. 사람의 마음을 열기가 어려운 것도 아마 그곳까지 가는 길이 힘들기 때문일 것이다. 운이 좋게 한번 방문에 천지의 아름다운 모습을 볼 수 있어서 기뻤다. 내 주변 사람들은 내 가슴 속 천지의 모습을 어떻게 볼까? 투명한 모습으로 남을 기쁘게 한 적이 있었을까? 백두산 호텔의 포근한 침대 속에서 아주 천천히 잠속에 빠져들었다.

아주 작은 생명 하나라도

몇 년 전만 해도 10대나 20대 초반 미혼 여성이 산부인과에서 임신 진단을 받으면 한숨을 쉬거나 울거나 어쩔 줄을 몰라 했다. 그런데 요즘은 당당하게 출산 준비에 대한 문의를 꽤 많이 한다. 어떤 산부인과에서는 임신 진단을 받고 '아싸, 임신이다.' 라고 10대 임산부가 환호했다는 말도 있다. 필자 진료실에서도 16세에 출산을 해서 입양을 시키고 18세에 두 번째 임신 진단을 받고 이번에는 자신이 키우겠다는 의연한(?) 임산부를 대한 적이 있다. 저출산 극복을 위한 정부의 지원이나 사회 여론, 결혼과 출산에 대한 사회적 의식 변화 등이 미혼 출산에 대한 긍정적인 여건을 형성하고 있다.

사회복지기관에서 출산 도움을 받는 미혼모의 대부분이 입양을 요청했었지만, 최근에는 50% 정도가 직접 양육을 선택한다고 한다. 보통 시설에서 1년 동안 양육이 가능하고 월 15만 원을 정부에서 지원해주며 이후 독립가구를 형성하면 월 60만 원의 보조금을 지원해준다고 한다. 만약에 월 90만 원 이상 소득이 생기면 지원이 없어지므로 90만 원 이하 월급의 아르바이트를 선호하는데 이 문제는 좀 더 이들에게 도움이 될 수 있는 유연한 접근이 필요하겠다.

우리나라 출산율이 현재 1.24인데 출산율을 1.42 정도로 올린다

해도 2045년이면 국가경쟁력을 유지하기 어려운 인구 문제가 야기되므로 좀 더 적극적인 출산 장려 정책으로 출산율을 1.8 이상으로 올려야만 인구부족 현상을 막을 수 있다고 한다.

30년을 산부인과 전문의로서 임산부를 만나고 있지만 결혼한 여성이라 해도 미리 출산을 계획하고 임신한 여성은 많지 않다. 미국 통계에 의하면 임신 여성의 50%만이 의도적으로 임신을 준비했다고 하며 실패한 피임의 25% 정도가 낙태로 이어진다고 한다. 출산을 계획하지 않은 여성들은 대부분 피임에 실패하거나 소극적으로라도 피임하다가 임신한 경우이다. 출산 여건이 되는 여성들이라 해도 임신 진단을 받았을 때 출산에 대해 망설이는 경우가 많다. 이럴 때 산부인과 의사의 조언이나 정부의 지원이 출산으로 연결될 수 있는 중요한 계기가 된다. 그러므로 저출산 문제는 사회적인 여건 형성과 함께 임신 진단을 받기 위해 처음 만나는 산부인과 의사들의 다양한 협조가 필요하다.

10대와 20대 초반 미혼 임산부 중 피임실패로 임신이 되었다 해도 여전히 출산을 선택할 수 있다. 필자가 진료실에 이런 여성을 대할 때 항상 하는 말이 있다. '원치 않았던 임신과 출산이 고통일 수 있지만, 당신의 인생 80~90년 중 단지 1년이면 되는 문제이다. 한 세상 사는 것이 힘들기도 하겠지만 그래도 살아볼 만 하다면 지금 당신의 결정으로 아기에게도 삶의 기회를 줄 수 있다. 출산 후에 양육할 수 없다 해도 당신은 최선을 다한 것이고 아기에게 생명을 준 결정은 당신의 삶을 더욱 의미 있고 행복하게 만들 수 있다.'

피임 결정권과 피임 실패 시 임신유지에 대한 결정권을 여성 자신들이 가져야 한다는 여성 단체의 주장을 필자 또한 반대하지 않는다.

그러나 어리고 취약한 여성들이 스스로 판단하고 결정하는 것은 어려운 일이다. 여성을 출산정책의 대상이나 도구가 되게 해서는 안 된다면서 낙태를 합법화한다거나 응급피임약을 자유롭게 구입할 수 있게 하는 법적인 조치보다 여성 스스로 자신의 건강을 지키기 위해 피임과 임신과 출산에 관한 조언을 전문가에게서 끊임없이 들을 수 있게 해야 한다. 이렇게 여성의 건강과 태아의 생명이 주변의 조언과 도움으로 지켜질 수 있다. 피임 실패에 의한 생명 하나까지도 거둘 수 있는 사회가 되어야 저출산도 극복할 수 있고 여성의 삶도 풍요롭게 할 수 있다.

악마의 대변인(devil's advocate)을 옆에 두자

'반대의견 있으십니까? 없으면 통과합니다. 이의 없으시면 '예' 하시고 아니면 '아니요' 하십시오. 예 모든 안건이 통과되었습니다' 이렇게 회의가 일사천리로 신속하게 끝나면 제시간에 저녁 식사를 하게 되어 마냥 흐뭇하다.

'이의 있습니다. 결산 부분에 좀 문제가 있는 것 같습니다' 순간 모든 사람의 눈길이 그쪽을 향했다. 노골적으로 인상을 쓰는 사람도 있고 '또 저자가 트집이네. 오늘도 제시간에 밥 먹기는 글렀구나!' 하면서 실망하는 얼굴들도 있었다. 필자가 참석했던 저녁 회의 중의 한 장면이다.

저녁 회의를 할 때 식사를 먼저 하고 하기도 하고 회의를 끝내고 식사를 하기도 한다. 식사하면서 한잔하고 싶은 사람들은 대부분 회의를 먼저 하는 것을 선호하며 또한 배고프면 회의가 논쟁 없이 빨리 끝날 수도 있으니 의도적으로 그렇게 하기도 한다. 회의를 먼저 하는 경우 반론과 수정 사항이 많으면 참석자들의 성향에 따라 혈당 저하로 기력을 잃어 조용해지거나 반대로 배고플 때 인지 능력이 더욱 향상되어 맹렬한 의견교환이 시작되기도 한다.

대부분 회의 때마다 이의제기하는 사람은 정해져 있기 때문에 영리한 주재자는 회의 전에 미리 의견을 듣고 조율을 한다. 그러나 절대 내색을 하지 않다가 기습적으로 발언을 위한 발언을 하는 사람도 있고 트집을 잡기 위해 준비해 나오는 사람들도 있다. 주재자 입장에서도 구성원들도 모두 반갑지 않은 사람이고 발언이다. 이럴 때 반론자의 의견을 무시하고 다수결로 일을 처리하면 실수를 할 수 있다. 조언자 혹은 방해자 혹은 트집 잡는 사람들의 의견으로 인해 단체의 사업을 미리 점검해 볼 수 있는 기회를 제공받을 수 있다.

악마의 대변인(devil's advocate)은 원래 바티칸에서 유래한 것으로 교황 후보를 반대하는 역할을 맡은 사제를 가리키는 말이다. 소위 악마의 처지를 대변하도록 지명된 이 사제는 교황 후보 논의에 균형을 맞춰준다고 한다. 악마의 대변인 역할을 하는 자가 사람들에게 인기 있을 리는 만무하지만 모든 단체는 반대 의견을 내는 사람을 존중해야 한다. 교황청처럼 누군가 그런 역할을 맡도록 공식적으로 정해놓지는 못하더라도 업무의 진행을 알리는 것 못지않게 반대자에게 발언 기회를 주는 것도 중요하다. 단체에서 이런 반론자의 존재는 의사결정 과정을 좀 더 합리적으로 이끌며 실수의 가능성을 줄여줄 수 있다. 물론 이들의 의견도 틀릴 수 있지만 반론자가 제기하는 요점을 함께 논의함으로써 미래에 일어날 수 있는 다양한 문제점들을 검토할 수 있기 때문이다. 의도적으로 회의를 방해하려는 불순한 경우도 있겠지만 이 또한 참석자들의 인내를 시험해 볼 수 있는 기회이기도 하다.

의사들의 단체에도 이런 반론자가 꼭 있어야 한다. 지난 6년간 다양한 의사단체의 회의에 참석 혹은 주재하면서 느낀 것이지만 살아 역동하는 단체는 이런 반론자들이 다수 있어서 회의시간이 길어지고 회의가 활발하다 못해 싸움에 가까운 논쟁으로까지 진행된다. 배는 고프지만 필자 자신도 회의 주재를 할 때 열띤 논쟁을 부추기기도 하면서 즐기는 편이다. 그러나 일사불란하게 의견통일이 되는 회의는 참석자들의 마음이 어디에 있는지 궁금해지고는 한다. 어떤 주재자는 임원들의 이견을 묵살해 버리기도 한다. 꼭 검토해야 할 의견인데도 자신의 생각과 다르다고 다수의 의견이 아니라고 반론조차 제기하지 못하게 하는 경우도 있다. 소통 부재에 독재가 아닐 수 없다.

진정한 단체장은 참석자들의 의견이 스스럼없이 개진될 수 있도록 열려있는 회의를 해야 하며 '악마의 대변인(devil's advocate)' 역할을 하는듯한 사람의 가치를 인정하고 항상 옆에 두어야 한다. 새해 새로 선출된 우리 의사 단체장들은 이런 악마의 대변인 역할을 할 회원들을 임원으로 다수 선임하고 회의를 할 때 이들의 발언을 적극 허용했으면 좋겠다. 물론 이들을 포용하지만 조율할 수 있는 단체장의 능력이 우선되어야 하겠다.

50년 의료계의 변화와 발전

우리나라 최초의 의사단체는 1908년 '의사연구회'로 현 대한의사협회의 전신이며, 서울특별시의사회는 1915년 12월 1일 '한성의사회'로 창립되었고 1945년 12월 21일 해방과 함께 '서울시의사회'로 새롭게 발족하였다.

1933년 발간된 '한성의사회보'가 최초의 기관지였지만 1회만 발행된 바 있고, 1960년 4월 서울시의사회 기관지로서 의사신문이 창간되었으며 2012년 4월 16일에는 창간 52주년 특집호(4968호)를 발간한 바 있다. 이제 지령 5000호 발간을 계기로 지난 50년간의 의료계의 변화와 발전을 돌아보려 한다.

1948년 정부 수립 이후 1960년 4.19혁명과 의사신문 창간 때까지 보사부장관은 당연히 의사 출신을 임용할 정도로 의사들은 비교적 존경받는 계층으로서 권위까지 있었다고 볼 수 있다. 그러나 4.19혁명과 5.16군사정변 이후 비 의사 보사부장관 임용이 점차 늘어나게 되었다. 1962년에는 의료법이 제정되고 의사정기신고와 의사보수교육 의무화가 시행되었으며 의료계도 경제개발과 함께 발전해 왔으며 개업에 성공한 의사들이 대형 의료기관과 의과대학을 신설 할 수 있을 정도로 의료자본이 축적되었고 사회경제적으로 높은 입지를 굳힐 수 있었다.

1970년에 정부는 의약분업추진연구위원회를 구성했으며 의사신문은 1960년 창간 이후부터 전문지로서 또한 기관지로서 의대 신증설 문제, 조세부담, 의료분쟁과 의권옹호, 한의사의 영역 침범 등으로부터 회원들을 보호하기 위한 여론 형성에 중요한 역할을 해왔다.

1972년에 자영업자 의료보험사업을 시작으로 17년에 걸쳐 직역별 의료보험이 확대되었으며 마침내 1989년에는 전 국민 의료보험제도(현 건강보험)가 시행되었다. 정부의 불합리한 의료정책에 대해 1978년 8월에는 국공립병원수련의들의 처우개선을 위한 파업도 있었으며, 1980년에 의사단체는 의료전달체계 개선안 제시와 의료인 자율정화 결의문을 발표했으며, 1981년에는 15시간 이상 연수교육 의무화 추진과 의사신분보장의 제도적 장치 마련을 정부에 건의하기도 했다. 특히 회원들의 권익과 보호를 위해 공제회를 출범시켰으며 의료법위반 회원들의 자체 징계 등으로 전문직단체로서의 의무를 지키기 위해서도 노력했다.

정부는 1982년부터 의약분업을 검토하기 시작했고 1989년에는 약사의 임의조제를 인정하는 약국 의료보험까지 시행했었다. 이에 대해 의사단체는 지속적으로 의약분업을 반대했고, 성분명 처방 관련한 의사의 선택권 주장, 의보수가 현실화 건의, 강제지정제 폐지, 진료비심사제도 개선, 진료비 지연지급 시정 요청 등을 정부에 건의했다. 결국, 1987년에는 개원의협의회가 발족하면서 의료보험개선을 위해 회원 연판장 서명과 지정서 반납이 전국적으로 확산하기도 했다.

1999년 의약분업 시행안의 국회 통과와 함께 의사협회와 약사회,

시민단체는 의약분업안을 합의했지만 시행 과정의 문제점은 물론 그동안 저수가 정책과 지나친 규제에 불만이 쌓였던 의사들은 장충체육관에서의 범 의료계 결의대회를 시작으로 2000년까지 대규모 시위와 휴진 등 파업 투쟁이 이어졌다. 이런 과정을 겪으면서 의사단체는 효율적이고 강력한 이익단체로 거듭나기 위해 정치세력화를 선언하기도 했다.

이후 10여년이 흐르면서 의사 수 증가에 따른 과다경쟁과 의료계 내의 직역분화에 따른 대립, 세대 간의 상대적 박탈감 등으로 의료계 내부 갈등이 점점 심화되어 갔다. 우리나라 국민들이 의사를 바라보는 시각이나 의사 스스로가 돌아보는 의사들의 사회경제적 입지, 전문가로서의 성취감은 의료보험(건강보험) 전면실시 전후(1989년)와 의약분업 실시 전후(2000년)로 많은 변화를 가져왔다.

의사와 국민과의 신뢰성 또한 이 시기를 전후하여 변화가 있었다. 과거에 의료행위는 의사와 환자 간의 상호 관계였지만 건강보험의 도입으로 보험자(건강보험공단, 정부)와의 삼각 관계가 형성되므로 환자와 의사 모두 보험자의 검증을 받아야 한다. 정부는 건강보험과 의약분업의 틀을 유지하고자 가장 손쉬운 방법으로 의료행위의 가격억제와 과도한 규제로 의사를 통제해 왔다. 부정청구나 의약품 리베이트 등 의사들의 부정적인 면을 언론에 과장 보도하면서 결국 진료실에서조차 의사와 환자의 신뢰는 금이 가기 시작했다.

전 국민 의료보험이 시작된 초기만 해도 국민 모두 평등하게 질 좋은 의료혜택을 국가 주도하에 받을 수 있다는 정부의 홍보에 의사들은 감히 자신들이 감수할 불이익을 표현할 수 없었다. 그러나 의사들은 시간이 흐를수록 자신들을 조여 오는 각종 규제정책들이 심각하다는 것을 알게 되었다. 저수가로 시작된 전 국민 의료보험 확대에도 침묵을 지키던 의료계는 의약분업을 계기로 사회참여와 정부 정책참여의 중요성을 깨닫게 되었다. 의약분업 당시 의사들의 집단행동은 비록 의사들에게 파업으로 인한 비난의 상처를 남기기는 했지만 의사 회원들 모두 공감대를 형성하며 저항을 했었다.

그 이후 10여 년이 지나면서 대부분의 의사들은 정부 주도의 사회주의적 의료제도에 차츰 익숙해져 갔지만 제도를 회피하거나 역이용하면서 경쟁력을 키우려는 의사들로 나뉘게 되면서 의료계 내의 빈부격차가 더욱 심화 되었다. 전문과를 넘어서는 진료영역확대와 비급여 진료확대, 외과계열과 같은 필수의료 외면현상, 미용성형 의사의 증가 등으로 의료의 왜곡 현상이 심각해졌다. 이런 의료계의 변동은 사회의 역동적인 변화와 맥을 같이 했다. 인터넷을 통해 의학 전문지식은 건강정보가 돼버렸으며 경쟁적인 광고전쟁으로 의사들의 부담은 늘어났고, 권위적인 의료에서 서비스로서의 의료를 원하는 국민들의 의식변화로 의사들은 전문직으로서의 자존심을 지키는 것도 어려워졌다.

의약분업 이후에도 의료법의 개악, 건강보험수가의 불공평한 결정구조, 수가통제를 위한 다양한 규제, 리베이트 쌍벌제, 위헌적인 의료분쟁조정법 감행, 보건소를 포함한 공공의료기관과의 경쟁구도, 소득공제자료 국세청신고와 세무검증제, 부당한 응급의료법, 원격의료시도 등 정부정책은 끊임없이 의사들을 압박하고 있으므로 갈수록 의사들의 형편은 악화되리라 예상된다.

그러면 의사들은 자신들의 권익을 위해 무엇을 할 수 있을까? 이미 의료계는 하나의 같은 목적을 지닌 집단이라고 볼 수가 없다. 병의원 규모에 있어서의 차이, 대학교수에서 전공의, 봉직의, 개원의 등 근무 형태의 다양성, 전공 분야에 따른 이해관계 등 이미 하나의 단체로서의 동질성을 잃어 가고 있다. 의사협회가 그것을 통합해서 의사 권익집단이 되려는 시도는 더 이상 무의미하다. 차라리 이익을 공조할 수 있는 개별 단체들이 각각 대처하는 것이 나을 것이고 의사협회는 이런 모든 단체의 대표로서 개별 단체를 조율하거나 회원 관리와 함께 의사들의 긍지와 명예를 지켜주는 역할이 차라리 바람직할 것이다.

정부의 규제에도 불구하고 우리나라 의학과 의료기술의 발전은 눈이 부실 정도이다. 우수한 전문의 수련제도가 있고 명의와 석학들이 넘치고 있으며 밤을 새우면서 연구에 전념하는 의학자들이 있다. 최신형 의료기기들이 대학병원은 물론 개인 의원에 까지 널려 있다. 어느 정치인이 말하길 '우리나라 좋은 나라, 전 세계에서 가장 우수한 의료진의 진료를 가장 싸고 빠르게 받을 수 있는 나라' 라고 했다. 그러나 우리 국민들은 이런 좋은 의료의 중심에 의사들의 희생이 있다는 것을 외면한다. 의사 입장에서는 억울한 일이지만 의사들에게도 잘못이 있다. 사회와 소통하고 공존해야 함을 깨닫지 못했고 자신들의 분야 외에는 알려고 노력하지 않았다. 앞으로는 다양한 사회단체 참여하여 재능을 공유하고 의사들의 역할 증대를 끊임없이 알려야 한다.

최근에 의사들 스스로 의료윤리와 인문학 교육의 중요성을 강조하고 있다. 의사들 간의 상호배려는 물론 국민들이 바라보는 의사에 대한 왜곡된 시선을 바로 잡아야 하는 노력이 필요하다. 과거보다 사회경제적 지위가 낮아졌다고 해도 건강을 지키고 생명을 돌보는 전문가로서의 자존심은 꼭 지켜내야만 한다.

대한민국에서의 의사의 역할은 무엇이고 의사는 어디에 있어야 하는가?

의사는 합리적인 의료제도를 위해 노력해야 하고, 국민의 건강증진을 위한 보건의료 전문가여야 하며, 최고 엘리트 집단으로 사회적 약자를 보호하고 헌신하는 사회활동에 적극 동참해야 한다. 이러한 의료계의 노력은 결국 소원해진 국민과의 신뢰를 회복하는 지름길이 되리라 믿는다. 국민들의 신뢰를 바탕으로 의사들은 더욱 최선을 다해 환자를 진료하고 공존의 길을 가게 될 것이다.

추억 그리고 삶의 요술

황혼의 행로

거꾸로 선 하늘

나는 천치야

남 상 혁

· 충남 아산 출생
· 중앙중(6년제) 연세의대 졸업(1956)

〈현재〉
· 연세의대 외과 외래교수
· 대한의사협회 고문
· 서울시의사회 고문
· 메디칼와이스맨 포럼 직전 회장
· 외과개원의협회 명예회장
· 서울시 영등포구 의사회 명예회장
· 남상혁 외과
· 한국문인협회 회원
· 한국시조시협회 회원
· 문예사조 신인상 수상으로 시인 등단
· 「문예사조」 이 달의 시조 시인으로 선정

〈저서〉
· 시집 『꿈은 강물이 되어』 등 다수

남상혁

추억 그리고 삶의 요술

서슬이 시퍼런 왜경이 이사람 저 사람의 짐을 뒤지고 있다. 우리 앞으로 점점 다가오고 있다. 가슴이 두근거리기 시작한다. 방학이 끝나고 상경하는 온양온천역 플랫폼이다. '이거 야단났군, 들키면 어쩌나' 다행히도 아산군에서 명성 있고 힘 꽤나 쓰시는 백부님이 옆에 계시니 안심이 되었다. 아니나 다를까 다가오는 왜경한테 무엇인가 속삭이더니 왜경은 우리 옆을 그냥 지나갔다.

세계 이차 대전 때 나는 서울 중앙중학생이었다. 일본은 한국의 좋은 쌀을 대량으로 가져갔으며 식량이동 방지 정책을 쓰고 있었다. 농가에는 먹을 만큼도 안 되게 남기고 공출해갔다. 경성(서울)에서는 쌀 배급이 있었으나 항상 모자랐다. 다행히 우리는 부농이었으며 감추어 놓은 쌀들이 있어 몰래 가져가야 하는데 여러 가지 방법을 구상했다. 우리는 가져가야하고 왜경은 그것을 찾아내는데 혈안이었다.

우리는 세계 명작집에서 책속을 빼고 갈피 속에 쌀을 넣어 종이로 봉하고 가방 속에 넣어 가져가는 참이었다. 그 양이 얼마나 되겠는가. 그래도 다소나마 보탬이 되는 것이다. 지금 생각하니 참으로 불쌍한 연극이었다. 쌀, 그것이 무엇인데, 그러나 먹어야 살고 우리 민족의 주식이 아닌가, 광복 후 증산의 노력으로 자급자족이 되었으나 부족한 상태는 계속되었다. 북한은 쌀이 부족하여 식량위기에 처해 있으며 세계 각국에서 원조 받는 불쌍한 사태에 이르고 있었다.

장항선(천안에서 장항)은 그때는 단선이었다. 나는 수 없이 이용했는데 초등학교 때부터 서울에 유학했으므로 방학 때면 고향에 오는 것이 꿈이요 즐거움이었으며 장항선은 어머니 품 같았다.

아주 어렸을 때 상경시 온양역에서 기차를 타려면 계단으로 올라가(일층정도) 타고 경성 역에서도 한층 계단정도 올라갔으니 경성은 높은 곳에 있는 좋은 곳으로 생각되었으며 귀향 시는 반대이니 낮은 곳에 있고 전기도 없고 전차나 차도 없는 낮은 곳으로 생각했으니 동화 같은 개념이었다.

플랫폼은 낭만이 가득 차 있고 이별과 만남의 장소이며 추억의 산실인 것 같다. 그 곳에 있으면 어디론가 가고 싶고 누군가를 기다리게 되는 동경의 장소이며 애상과 비련의 장소인 것 같다.

내가 총각 인턴시절(세브란스 병원) 온양역에서 상행기차를 기다리고 있었는데 하행열차가 서행으로 지나갔다. 그 때 어떤 젊고 예쁜 여자가 창을 두드리며 손을 흔들어대고 있었다. 나보고는 아닐텐데 다른 사람보고 그러는 것이겠지 생각했지만, 그녀의 시선은 나를 보고 손을 흔들어 대는 것이었다. 기차는 속도를 내며 멀리 사라졌다. 무의식중에 나도 손은 흔들었다. 그 분이 누군지 지금도 스쳐간다. 환자의 한사람인가? 나를 짝사랑한 사람인가? 가슴이 찡해졌다. 아는 사람이건 모르는 사람이건 플랫폼에서 그런 장면은 감상적이고 애상적이다. 마치 내가 영화의 주인공이라도 된 것처럼……. 지금도 잊지 못할 아름답고 짜릿한 장면이었다.

수증기를 힘차게 뿜어내며 기적소리를 울리는 기차는 멀리 멀리 사라졌다(지금은 없어 진 증기기차). 그 기차를 얼마나 많이 타 보았는가. 그리고 항상 설레는 마음으로 탈 때마다 내 옆에 꿈속의 예쁜 여인이 타서 소설 같은 사랑이라도 이루어졌으면 하고 기대했으나 그런 행운이 없었으니 얼마나 운이 없는 사나인가 하고 실소를 짓지 않을 수 없었다. 지난 일들은 인상적이고 회상적이고 설사 그것이 사소한 사건일지라도 뇌에 박혀있으며 때로는 회상에 잠기며 아쉬워하기도 한다.

플랫폼은 누구에게나 많은 추억의 과거가 있을 것 같다. 낙엽 굴러가는 쓸쓸한 가을의 간이역에서 오지도 않는 님을 기다리며 한없이 철로 길을 쳐다보며 서있는 모습이 어떨까 하고 애상에 젖은 마음으로 그런 장면을 늘 그려 본다. 그것이 추억의 삶인 것 같다.

황혼의 행로

우리는 누구나 꿈 많고, 하고 싶은 일 많고, 야심 많고, 모든 것을 이룰 수 있을 것 만 같은 젊은 시절이 있었다. 그리고 영원히 살 것처럼 위대한 사업들을 구상하고 실천하며 성공을 꿈꿔 왔던 그런 시절이 있었을 것이다.

목표를 위해 정신없이 살다 보면 어느덧 황혼은 찾아와 새삼 인생의 짧음을 느끼게 된다. 아침에 깨어나 보니 어느새 황혼의 그늘이 바로 앞에 와 서있는 것이다.

머리카락은 어느새 희끗희끗 반백이 되어 몸은 생각같이 잘 움직이지 않고 아이들은 커가면서 부모의 품을 떠난다. 부부는 백년을 같이 살자고 서로를 바라보며 "살아있는 것만으로도 고맙다" 하고, 서로 위로하며 노년을 보내게 된다.

자신의 노년은 어느 누구도 대신해 주지 않는다. 그래서인지 요즘 인터넷을 통하여 전해지는 글들은 노인들의 건강요법에 관한 기사가 많이 나온다. '꾸준히 걸어라' '균형잡힌 음식을 소식하라' '잠을 충분히 자라' 등등.

노인이 되면 가끔, 아니 아주 자주 인생을 되돌아보며 후회도 하고 아쉬워하기도 하고 젊음을 부러워하기도 하나 그것들은 모두 지나간 꿈인 것이다.

우리는 남은 노년기를 어떻게 보람 있게 보내야 하는지에 대해서도 심각하게 생각해 본다. 늦게나마 몇 가지 취미를 갖고자 노력하고 운동도 하고 여행도 할 계획을 세우나, 실제로 실천하기에는 어려움이 많고 건강이 허락해 주지 않아서 공염불이 되는 수가 많다. 그래도 노력은 해야 하겠지?

우리는 쓸쓸하고 고독에 가득 찬 노년기를 보내는 수가 많다. 요즘 부모를 만족시켜주는 자식들은 그렇게 많지 않은 것 같다. 기대가 큰 자식일수록 부모의 마음을 아프게 한다. 그러니 가능하면 자식들의 영역을 침범하거나 간섭하지 않는 것이 현명하다.

자식들도 부모한테 잘 해주랴 효도하랴 노력하고 있으나 근대화의 영향으로 핵가족화의 물결 속에 어찌할 수 없는 곤경에 빠졌지만 노인들이 이해하고 받아들여야 하는 사회가 되었으니 "현명하게 노년기 탈출"을 계획해야한다. 이제 남은 것은 늙어가는 아내밖에 없는 것이다. '악처가 효자보다 낫다' 라는 옛말을 되새기며 부부간의 사랑을 더 깊이하고 의지하고 아이들 소꿉장난 하듯 살아가야 할 것이다. 서로의 등을 씻어주고 가려운 곳을 긁어주고 손톱 발톱 깎아주고 귀라도 후벼주면 바로 그곳이 아방궁인 것이니라.

또한 자식과 친척들을 가까이 두며 마음을 나눌 수 있는 벗을 두고 어릴 적 친구와 같은 분위기로 살수만 있다면 우리들의 노년기는 편안하고 평화로울 것이다. 추억만을 그리며 현재를 파악 못하는 늙은이가 되어서는 안 될 것이다.

우리는 태어났으니 누구나 언젠가는 죽는다. 노년기를 아무리 행복하고 유쾌하게 살려고 해도 병이 생기면 끝이다. 그때부터 병마와 싸워야 한다. 현대의학의 발달로 힘이 들고 고통이 따르지만 암은 수술 등으로 치료할 수 있게 되었다. 그러나 수술 후의 심한 고통과 5년 생존율에 얽매여 무리한 수술을 함으로써 고통과 고생은 가중되며 살아있는 것인지 죽은 것인지 모르게 된다.

그럴 바에야 아주 말기암 환자는 수술보다는 비수술적요법으로 사는 동안 편안하게 해주는 것이 최상의 방법인 것 같다. 또한 회복 가능성이 희박한 병을 앓는 노인들이 고통스런 치료를 받는 대신 인간적 존엄을 유지하며 품위 있는 죽음을 맞이하는 방법이 좋을 것 같다. 이것이 미국에서 요사이 확산되고 있는 '슬로 메디신(slow medicine)' 요법이다.

중환자에게 생체조직검사, 마취, 수술, 방사선 치료, 화학요법 등은 꼭 해야 될 것들이나 그로인해 생기는 부수적인 합병증이 환자를 더욱 고통에 빠뜨려 아주 고난의 말년을 보내게 되니 슬로 메디신 요법이 바람직해 보인다.

무의미한 연명(延命) 치료가 고통스런 삶의 연장에 불과하며 존엄하게 죽을 권리를 막는다는 것이다. 말기 환자에게 덜 공격적인 치료법과 돈이 덜 드는 접근법이 슬로 메디신이라고 불렸다. 즉, 말기 치료에 대한 집착을 버리고 품위 있는 죽음을 맞도록 돕는 운동이라 한다.

우리들이 바라는 이상적인 죽음은 편안한 마음 상태에서 주변정리를 끝내고 가족에게 부담을 주지 않으면서 사랑하는 사람에게 둘러싸여 가는 것이리라. 그것은 슬로 메디신에서 찾을 수 있다. 의사가 보호자와 환자에게 질병상태를 정확하게 알려주고 연명치료여부를 환자의 결정에 맡기는 '사전 고지제도'를 도입할 시기가 다가 온 것 같다.

늙음, 죽음 이야기만 나와서 송구스럽다. 그러나 인생은 탄생, 젊음, 늙음, 죽음의 순서이고 필연적인 것이니 이야기를 되풀이해도 무방하다고 본다. 축복 속에서의 탄생도 중요하지만 그 보다 더 중요한 것은 어떻게 아름다운 생을 마감하느냐가 더 소중하고 평가 받는 길인 것 같다.

거꾸로 선 하늘

"따따땅……." 앗, 맞았다. 구식 기관총을 서투르게 쏘아대던 사수가 옆으로 쓰러졌다. 대퇴부를 맞은 것 같다. 순간 주위에 있던 공격조가 놀라며 사색이 되었다. 그리고 결사적으로 도망치기 시작했다.

6 · 25 당시 인민군치하 약 3개월, 그것은 악몽과 고난의 시기였으며 예기치 못한 사건들에 휘 말리여 비극의 연속극이었다. 8 · 15 광복 후 탄압과 억압의 일제 강점기에서 외세의 도움으로 해방된 우리 순박한 국민들은 독립과 자유의 물결 속에 들뜨고 있었다. 국민들은 사상이란 무엇이며 '민주주의다', '공산주의다' 라는 개념은 백지상태였다. 단지 머슴살이나 다름없던 식민지 생활에서 벗어나 주인이 됐다는 뿌듯한 해방감에 도취되어 무엇이든 마음대로 되는 줄 알고 이리 뛰고 저리 뛰고 공중누각을 꿈꾸고 있었다. 강대국이 제멋대로 그어놓은 38선이 장차 어떤 비극을 갖고 올지도 모르면서…….

소련과 중공을 등에 업은 북의 공산주의자들은 부자와 지식인이 인민의 적이며 반동분자라고 숙청하며 백성에게 그들의 사상을 선전 선동 주입시켜 적화통일의 야망에 불타있었으며, 남에서는 수백년 걸쳐서 체험하고 실천해가는 '미국식 민주주의다 자유다' 라는 이념에 사로잡혀 방황과 혼란 속에 빠졌으며 더군다나 민족주의자와 공산주의자(남로당중심)들의 선동데모의 사상전쟁 속에 편안한 날이 없었으며 좌우의 충돌로 시끌벅적한 상황이었다. 그 당시 국민의 어느 정도가 지식인이었으며 또한 어느 정도가 사상을 이해하고 있었을까, 대다수의 순박한 국민이 선동에 따라 이리 몰리고 저리 몰리고 태풍 속의 돛단배 같은 신세였다.

이런 혼란 속에 북은 착실히 계획된 전쟁준비를 하여 6·25라는 민족의 비극을 맞이하게 되어 형제는 적이 되고 이웃은 고발자가 되며 동족살상의 비극이 전개되었다. 가족은 헤어지고 아이들이 엄마 아빠를 부르는 비통한 외침이 나라를 뒤덮었다.

나는 (당시 연세의대 예과 일년생) 삼일 만에 점령당한 서울에서 고향인 충남 아산 음봉으로 내려가 피신 생활을 했다. 젊은이는 의용군으로 끌려가고 계획에 따라 지주며 지식인이며 남쪽에 협력한 인사는 하나하나씩 잡혀가고 인민재판이 진행되어 가고 있었다. 좀 더 오래 끌었으면 동네는 쑥대밭이 되었을 것이다. UN군의 인천상륙작전으로 인민군은 퇴각하기 시작했으며 우리 동네도 수복의 기회를 맞이하게 되었다. 그때 면사무소 근처에 인민군이 버리고 간 기관총이 있었다. 기계를 잘 다루는 사람이 손질은 해서 쏘아 보았더니 기가 막히게 잘 맞는 것이다.

면내 상동내에 좌익분자가 많이 살고 있었으며 그곳에 퇴각하는 인민군의 잔당이 모여 있다는 뉴스가 왔다. 의기양양해 있던 우익 젊은이들이 누구의 명령도 없었는데 "무찌르러 가자" 하고 그 기관총을 메고 산골로 쳐들어갔다. 훈련도 받지 않고 전쟁경험도 없는 젊은이들은 가기 쉬운 능선을 따라 접근했고 상대방에서 훤히 볼 수 있는 곳에 기관총을 설치하고 마치 어린아이들 전쟁놀이처럼 전방에다 대고 신이 나게 쏘아댔다. 물론 사람들은 보이지 않는 조용한 집 근처에 무턱대고 쏘아댔다. 상대는 잘 훈련받은 군인이다. 그들은 은폐한 곳에서 응사했다. 몇 발의 총알에 사수는 맞고 공격대는 풍비박산이 되어 달아나기 시작했다. 말하자면 패전한 것이다.

누가 승자이고 누가 패자인가가 문제인 것 같지 않다. 어찌해서 동족 간에 총질하는 가를 생각하니 슬픔이 앞을 가렸다. 약을 올리면 화가 나서 싸운다고 한다. 인민군치하 몇 개월에 시달리다 보면 생명의 위협을 받게 되니 자연히 살아남기 위해 적개심이 생기고 앙심이 생겨 젊은이들은 기관총을 둘러메고 동족에게 쏴댄 것이다. 인민군 중에도 빨갱이가 있겠지만, 혹자는 아무것도 모르면서 끌려나온 순박한 젊은이도 많을 것이다. 그들은 군의 명령에 따라 때로는 자기의 생명을 지키기 위해 쏘아대는 것이다. 그러던 와중에 부상자나 사망자가 생기면 적개심이 스스로 강해져서 이젠 정말 적으로 여기고 싸우게 되는 것이다.

국립묘지에 가보면 외롭고 차디찬 바닥에 죽어서도 대오를 갖추며 질서정연하게 안치되어 있다. 그들이 살아나서 응어리 박힌 사연들을 늘어놓는다면 우린 영원한 슬픔에 잠길 것이다. 명령에 따라 싸우다 아까운 청춘을 바친 것이나, 적이 누군지도 잘 모른 채 쏘아대고 형제와 싸우며, 사랑하는 부모 · 형제 처자식과 고별의 말도 전하지 못하고 쓰러져 간 것이다. 시대를 잘못 만나 세상 한번 멋지게 살아보지도 못하고 쓰러져 갔다. 허나 그들은 영원한 애국지사이며 건국의 기초가 된 분들이다.

광복 후 강대국들은 왜 수 십 년간 일제하에 갖은 고생을 한 우리나라를 양분시켰는가! 전범인 일본을 양분시켜 고생시켜야 했는데 왜 우리를 이렇게 고통과 고난에 빠지게 했는가를 생각하면 38선을 그어 놓은 자들을 원망하지 않을 수 없다. 전쟁이란 자칭 지도자들의 영웅심리 팽창주의 사상문제 권력유지 등등에서 일어나는 수가 많으며 종교전쟁이다. 민족주의 문제 등으로도 일어난다. 순박한 군인들은 그들의 도구가 되고 자극적인 선동에 휘말려 그 속에 빠져들어 간다. 그리고 그 후유증으로 영원한 상처와 슬픔과 파괴를 남기게 된다.

전쟁이란 일어나서는 안 된다. 사람이 태어나서 할 일도 많은데 아까운 삶을 바칠 수는 없는 것이 아닌가. 슬픔도 기쁨도 느껴보고 꿈꾸어 봤든 아름다운 꿈도 엮어보고 알 수 없는 삶에 대한 서정적이고 철학적인 고민에 취해 보기도 해야 하지 않겠는가. 그러나 세계 곳곳에서 전쟁은 계속되고 있다. 인간은 싸워가며 살아야 하는 운명을 타고난 모양이지?

세상은 불가사의하고 영원한 수수께끼 같다. 우주의 탄생, 생명체의 탄생, 나아가 그것들의 멸망……. 어떻게 되었으며 어떻게 되어 나갈 것인가? 아침이면 또 다른 태양이 눈부시게 빛난다. 그리고 어제의 모든 것을 잊고 오늘의 존재에 사투하며 내일이면 어떨까 하는 희망에 숨 쉰다. 흘러간 인간과 사투의 사건들의 역사는 추억과 경악과 아쉬움과 후회의 흔적만 남겨놓는다. 우리는 다 알고 있다든지 아무것도 모르고 있다는 듯이 몇 만 광년의 밤하늘의 별들만 조용히 빛나고 있다.

나는 천치야

바보가 되자
천치가 되자

풍요함도 가난함도
소유도 분규도
모두 시시한 일들

이렇게 편안한 것을
이렇게 가슴 확 트이는 것을
정말로 만족하고
정말로 행복하고

바보가 되자
천치가 되자

구글신(Google 神)은 알고 있다

선택의 기로

안경이야기

입학을 축하하며

박문일

〈현재〉

· 한양대학교 의과대학 학장 (2010.8~)
· 대한태교연구회 회장 (1999.5~)

〈학력〉

· 1977년 한양의대 졸업
· 1982년 산부인과 전문의, 한양대학교병원
· 1986년 의학박사
· 1988년~1989년 미국 유타 의대 산부인과, 교환교수(생식면역학)
· 1992년 영국 옥스포드 의대 산부인과, 태아심박동 연수

〈경력〉

· 한양대학교 의생명과학연구원 원장 / 한양의대 부학장
· 대한태교연구회 회장 / 한국모자보건학회 회장
· 한국모자보건학회 이사장

〈저서〉

· 베이비플랜 (동아일보사, 2010)
· 태교는 과학이다 (프리미엄북스, 2007)
· 엄마와 아이를 위한 출산혁명 (예문출판사, 2001)
· 그림으로 보는 여성의학 (정담출판사, 2005) 외 다수

〈네이버 카페 운영〉

http://cafe.naver.com/babyplan119

박문일

구글신(Google 神)은 알고 있다

"한국에서 온 닥터박은 불완전한 데이터도 완전하게 분석한다(Incomplete data, complete analysis). 너희들은 완전한 데이터도 불완전하게 분석하는구나 (Complete data, incomplete analysis). 쯧쯧."

25년여 전 미국 유타대학 산부인과 연구원들은 괜히 나 때문에 Scott 주임교수에게 곤혹을 치르기 일쑤였다. Scott 교수는 리서치펠로우(research fellow)였던 나를 끔찍이도 신뢰해 주었다. 그것은 바로 한국에서 가져온 STAT 프로그램 덕분이었다. 이 프로그램은 동료였던 예방의학교실 교수가 자체개발한 것으로서 의학계에서 사용되는 통계프로그램들을 초보자라도 아주 편리하게 사용할 수 있도록 재구성한 프로그램이었다. 데이터 입력도 쉽고, 연구자가 원하는 분석방향대로 쉽게 결과가 나오도록 만든 프로그램이었다. 당시는 요즘 유행하는 SPSS도 없었던 시절이니 연구원들은 소규모 데이터라도 일일이 통계학 교수에게 가져가서 통계자문을 받던 시절이었다. 미국 연구원들이 그리도 끙끙대던 데이터를 손쉽게, 무료로 처리해 주면서 멋진 그래프까지 그려주던 나는 연구실에서 인기 만점이었다. 그 덕인지, 1년 만에 논문도 두 편이나 작성하고 귀국하게 되었다.

이처럼 나는 그저 남보다 소프트웨어를 조금 더 일찍 다루었을 뿐인데, 주변 사람들은 마치 내가 컴퓨터의 도사인 줄 안다. 하긴 새로운 소프트웨어가 나올 때보다 남들보다 조금 일찍 사용해 보고, PC도 최신기종이 바뀔 때마다 먼저 사용하고 싶은 마음에 일찍 투자를 해오긴 했는데, 그건 사실 컴퓨터의 도사이라서가 아니라, 소위 '얼리어댑터(early adaptor)' 였을 뿐이다. 이런 나에게 요즘의 빅 데이터(Big data)에 대해서 아느냐는 질문이 들어올 때는 참으로 난감할 뿐이다. 컴퓨터를 잘 다룬다는 것은 사실 간단한 상용 소프트웨어들에 조금 익숙하다는 것뿐이며, 데이터를 잘 다루는 수준과는 다른 것이기 때문이다.

세상이 하도 복잡해 지다 보니 이젠 컴퓨터 시대를 지나 인터넷으로 대표되는 네트워크시대, 그것도 초스피드로 데이터가 오가는 소위 빅 데이터의 시대가 도래하였다. 빅 데이터란 인터넷을 비롯한 디지털 가상공간에서 생성되고 축적되는 엄청난 양의 데이터를 말한다. 세상의 각종 정보가 모여 소위 빅 데이터로 불리고 이를 해결하기 위하여 과학자들은 복잡계(複雜系) 네트워크를 연구하고 있다.

데이터 사이언티스트(data scientist)라는 직종도 새롭게 생겼다는데, 이 사람들은 넘쳐나는 데이터 속에서 꼭 필요한 정보, 즉 데이터의 금맥을 찾아내는 사람들이다. 즉, 방대한 데이터를 자신의 목적에 따라 유용한 정보로 갈무리하는 사람들이다. 이런 일을 하려면 현재의 기존분석도구나 관리체계로는 하기 힘들다. 현재의 도구로는 감당하기 어려운 빅 데이터를 어떻게 다루고 전략적으로 사용하는가에 따라 개인 또는 학교, 기업 등의 경쟁력이 갈라지는 시대가 도래한 것이다. 우리 주변의 세상이 정말로 눈이 핑핑 돌 정도로 변화하고 있다.

전 세계적으로 보면 빅 데이터는 사실 의학계에서 보다 많이 연구되고 있다. 생명정보 자체가 아직도 풀리지 않은 복잡한 데이터들로 이루어져 있기 때문이다. 그렇다면 의학계에서 이를 훨씬 더 많이 연구하고 발전시켜야 하는데, 아직은 우리나라에서 이를 전공하는 학자들이 많지 않으니, 젊은 의학도라면 한번 생명정보학(bioinformatics) 등에 한번 도전하라고 권유하고 싶다.

구글(google)은 이 시대 가장 유명한 검색엔진이다. 얼마 전 경영자 조찬모임에서 '구글 신(Google 神)은 알고 있다' 라는 주제의 강연을 들은 적 있다. 강연한 사람은 카이스트 교수였는데, 이 세상에 떠다니는 모든 데이터를 검색할 수 있는 구글로 대표되는 검색네트워크 또는 소프트웨어는 이제 미래를 정확히 예측할 수 있는 수준까지 도래했다고 한다. 더욱 충격적인 것은 그러한 검색을 일반인들도 쉽게 할 수 있다고 하고, 구글로 이제 어떤 데이터도 분석할 수 있는 시대가 되었다고 한다. 이제 누구나 손만 뻗으면 세상에 널려있는 공짜 데이터를 사용하고 분석할 수 있는 시대가 온 것이다. 설령 그것이 빅 데이터라도.

선택의 기로

지금까지 살아오면서 현실에서 부딪혀 왔던 수많은 일 중, 소위 선택의 기로에 서 있었던 경우를 생각해 보았다. 여러 가지 중에서 하나를 선택하는 것과 두 가지 중 하나를 선택하는 것 중에서 어떤 것이 더 어려웠나 생각해보면, 두 가지 중 하나를 선택할 때가 훨씬 어려웠던 기억이 난다. 그도 그럴 것이 두 가지 중 하나의 선택이란 곧 마지막 선택일 경우가 많았기 때문이리라. 내가 스스로 책임져왔던 그 선택들에 의하여 오늘날의 내가 있고, 내 주변의 상황들도 바로 오늘의 모습이 되었을 것이다.

기로에 대한 국어사전을 찾아보니 두 한문 단어가 있다. 岐路는 갈 방향이 서로 다르게 나누어지는 지점을 뜻하고, 또 하나의 耆老는 육십 세 이상의 노인(?)을 뜻하고 있다. 얼마 전 참 가슴이 아픈 '선택의 기로'에서 주저했던 때가 있었다. 내 나이 60세가 딱 된 올해, 내가 근무하는 학교에서 일어난 일이니 岐路로도 표현되고, 耆老로도 표현되는, 기로라는 한자단어는 이제 나에게 잊을 수 없는 단어가 되었다.

학교의 보직을 맡다 보니 해마다 치르는 수많은 일 중에서 특히

학생들과 관련된 두 가지 중요한 일이 있다. 다름 아닌 학생들의 입학과 졸업이 그것인데, 그중 입학 관련 업무가 더욱 중요하다. 의사가 되기 위하여 수많은 우수한 젊은이들이 의과대학이나 의학전문대학원으로 몰린다. 대학을 이미 졸업한 학생들이 의사가 되기 위해 다시 입시전쟁을 치르는 곳이 바로 의학전문대학원이다. 그런데 작년 입시에서 참 기가 막힌 경험을 했다. 그동안 '선택'이란 것이 그렇게 어려운 줄 몰랐다. 그것도 나 스스로에 대한 선택이 아니고 타인의 운명을 결정짓는 선택이었다. 내 선택에 의해서 두 학생의 운명이 바뀌게 되는 상황이었다. 즉, 한 학생은 합격, 다른 한 학생은 입시에서 떨어지는 운명에 맞닥뜨리게 된 것이다.

학교본부 입학처에서 연락이 왔다. 차기 년도 의학전문대학원 1학년에 입학하는 학생들의 入試査定會에 참석하라는 것이었다. 사정회라는 것은 최종 입학성적에 의하여 작성된 최종 합격자명단을 확인하고 사인하는 일이다. 약 5대1에 이르는 경쟁을 뚫고 입학정원 55명에 대한 예비명단이 내 앞에 놓였다. 그런데 그날 따라 입학처에서 만든 사정안은 두 가지였다. 입학평가 성적으로 이용되는 각종 평가지표, 예를 들면 4년간의 전 대학 학부 성적, 영어공인성적, MEET 점수, 서류평가점수등이 합산된 성적표에 의하여 두 가지 예비명단이 작성된 것이다. 각 평가지표의 스케일에 의하여 당락이 바뀔 수 있다. 하여튼 입학처의 관계자에게 왜 두가지 안을 마련했느냐고 물으니, "어떤 형태의 스케일을 적용해도 학생들의 성적이 너무 비슷하니 해당 대학원 원장님이 선택하시라"는 답이었다.

두 가지 사정안을 자세히 살펴보았다. 두 사정안의 차이는 아슬아슬한 점수차이로 55등과 56등만이 서로 바뀌어있는 것이었다. 즉 제1안에는 A라는 학생이 55등으로 합격, B라는 학생은 56등으로 불합격이고, 제2안은 B 학생이 55등으로 합격, A 학생이 56등으로 불합격되는 안이었다. 어느 안을 선택하여야 하나. 이 선택의 기로에서 나는 어떤 선택을 해야 하나.나의 선택에 의하여 두 학생의 운명이 바뀐다! 선택하지 않을 수는 없으며 내가 아닌 누군가가 대신 선택해 줄 수도 없다. 남의 인생항로를 내가 결정해야 하다니! 얼굴도 모르는 두 학생 부모들의 애타는 모습이 그려지는 것도 참 신기한 일이었다.

한숨을 내쉰 끝에 눈 딱 감고 제1안을 선택하였다. 결국, A 학생은 합격하였고 B 학생은 불합격하였다. 선택할 수밖에 없었지만, 한 학생에게는 너무나 잔인한 선택이 아닐 수 없었다. 이 선택이 옳은 선택이었는지 잘못된 선택이었는지는 신만이 알 것이라는 생각을 하며 자위를 하는 수밖에 없었다. 그로부터 한동안 내 머릿속은 B학생의 이름이 맴맴 돌았다. 나 때문에 그 학생이 불합격되었다고 생각하니 참 우울하였다. 때로는 불합격된 B학생의 운명의 신이 나를 괴롭히지는 않을까 하는 엉뚱한 상상을 한 적도 있다.

그런데 내 운명의 신은 참 공평한지 그 후에 참으로 신기한 일이 벌어졌다. 입학식에서 입학자 명단을 보니 B학생의 이름이 보이는 것이 아닌가! 어찌 된 일인지 확인해보니, 합격자 중의 한 학생이 특수한 사정 때문에 입학을 포기하는 바람에 예비합격번호 1번인 B학생이 합격자 명단에 들 수 있게 된 것이었다. 지금까지는 그런 일이 한 번도 없었다고 했다. 즉, 어느 학교에서든지 의학전문대학원 합격자가 입학을 포기하는 일이 없었는데, 그만 그런 일이 처음으로 생긴 것이었다. 결국 A, B학생 모두 지금껏 학교를 잘 다니고 있다.

결국, 나로 인하여 선택의 기로(岐路)에 서 있게 된 두 학생의 운명은, 바로 그 운명의 기로(耆老)인 60세가 된 나를 만나 비슷한 인생항로를 같이 걸어갈 수 있게 된 것이다. 이 신비하고도 우연찮은 경험은 그 후 나를 더욱 성숙하게 해 준 것 같기도 하다. 감히 남의 인생에 개입하지 말라는 조물주의 준엄한 명령 같기도 하여 하루하루를 더욱 겸손하면서 고맙게 살아가고 있는 중이다.

안경이야기

"웬 안경점이 이렇게 많아?"

예전에는 거리마다 왜 그리도 안경점이 많았는지 이해하기 힘들었다. 그럴 수밖에. 시력이 너무도 좋았기 때문이다. 물론 그 흔한 근시도 없어서 안경점을 찾을 이유가 전혀 없었다. 시력검사 때마다 1.5~2.0은 거뜬히 나왔으니까 안경점은 선글라스 살 때만 갔었다.

나이가 들면서 어쩔 수 없이 눈이 나빠지고, 따라서 안경이 필요해 지면서 비로소 거리의 많은 안경점들이 필요한 이유를 알게 되었다. 나이를 먹으면 노안은 필연적으로 나타나게 되며, 결국 돋보기가 필요하였기 때문이었다. 얼마나 한심한가. 젊었던 모든 사람은 결국 늙게 된다는 평범한 사실이 진리인 줄 깨달을 때까지 무려 60년이 걸렸으니.

안경을 구입하기 시작할 때도 마찬가지였다. 언젠가 같은 과 선배 교수께서 "돋보기도 한꺼번에 몇 개씩 같은 도수를 구입해야 되요"라는 말에 도저히 수긍하기 힘들었다. 나의 한심함은 여전했다. 그 말을 도저히 이해할 수 없었기 때문이다. "하나면 되지, 몇 개씩이나……” 하는 반항심이었던 것이다. 그런데 실제로 내가 처음 돋보기를 구입할 때가 되니, 몇 개씩 필요하다는 말이 맞았다는 것을 비로소 알게 되었던 것이다. 집에 하나, 직장에 하나, 집에서도 거실에 하나, 안방에 하나, 이런 식으로 같은 도수의 안경이 몇 개씩이나 필요하였다. 또 2~3년마다 더 도수가 센 안경으로 갈아야 하니 안경점이 많아야 하는 이유를 이제는 확실히 알게 된 것이다.

“나이가 들면 눈과 귀가 나빠지는 것은, 인생의 당연한 섭리이며 또 그렇게 되는 이유가 있다”라고 하신 분이 계셨다. 나이가 들면 눈에 보이는 모든 것을 적당히 봐 넘기라는 것이고, 또한 들려오는 모든 말도 적당히 들어서 넘기라는 뜻이란다. 아마도 늙어서까지 세상사에 일일이 관여하지 말라는 뜻이렷다. 또는 나이를 지긋이 먹고 나서 보거나 들은 것 중에는 괴로운 것이 많으니 차라리 보거나 듣지 말라는 뜻일까? 이 말을 들을 때만 해도 역시 동의하지 못하였는데, 이제 안경을 써도 시력이 예전만은 못하고, 또한 안경이 필요할 때 지근거리에 없을 때는 그냥 대충 봐서 넘기기도 하는 일이 반복되다 보니 옛 선현의 말씀 중 틀린 것은 하나도 없구나 하는 것을 느끼고 있다.

병원에서 환자들이 아파하면 “다 그렇게 아파요”하며 무심하게 말해준 적이 많았다. “내 손가락에 박힌 작은 가시가 얼마나 불편한지를 알 때, 비로소 남의 고통을 이해할 수 있다”고 말씀하신 옛 스승님들의 말씀은 그야말로 체험으로 알게 된 진실이었다. 살아 가면서의 모든 의문점은 결국 나이가 해결해 준다는 옛 선현을 말씀을 떠올리면서도, 아직도 "정말 그럴까" 하는 생각이 드는 것은 나쁜 일까.

아직도 내 몸으로 직접 체험을 해보아야 만이 수긍을 하는 내 성격이 좋은 것인지 나쁜 것인지 판단이 서질 않는다. 하여튼 아직도 반성하지 못하면서, 나이에 반항하며 살고 있는 내가 한심하면서도 우습다.

입학을 축하하며

"입학"이란 단어와 연관되는 단어들을 생각해 보았다. 선택, 기대감, 초심 등의 단어가 생각난다. 옆방 후배 교수에게 물어보았다. 돌아오는 대답은 (입시) 지옥, 수능시험, 등록금 등이었다. 후배 교수는 올해 수능시험을 치르는 아들이 있다. 그러니 그런 단어들을 생각해 내는 것이겠지. 그러니 원천적으로 어떤 단어의 의미는, 사람마다 자기 환경에 따라 모두 다를 수밖에 없겠다. 원숭이, 바나나, 침팬지 세 단어를 주고 연상단어를 짝지으라고 하면, 한국 사람들은 예외 없이 원숭이를 바나나와 짝 지우는데, 외국사람들은 원숭이를 침팬지와 짝 지운다는 이야기를 들은 적이 있다. 국가별로도 소위 "생각의 지도"가 다름을 알 수 있다.

내가 왜 입학이라는 단어에서 선택, 기대감, 초심 등을 생각해 내었을까 곰곰이 생각해 보니, 결론은 이번에 입학하는 신입생들이 가장 먼저 떠올랐던 같다. 그러니 그들에게 바라는 기대감이 가장 많이 작용하여 그런 결과가 나왔으리라. 내친김에 입학생들을 위하여 축하의 글을 한번 써보자는 마음을 먹었다. 다음에 그 전문을 올려본다.

〈한양대학교 의학전문대학원 입학을 축하하며〉

여러분 축하합니다. 여러분은 이제 전통의 한양대학교 의과대학, 그리고 의학전문대학원의 동문이 될 수 있는 자격을 얻었습니다. 이 관문을 뚫기까지 많은 고생을 한 것을 잘 알고 있습니다. 그동안 많이 수고하셨습니다.

여러분이 선택한 의사의 길은 생각보다 쉽지 않습니다. 밤샘을 밥 먹듯 해야 하는 어려운 공부, 기초 및 임상실습이 여러분을 기다리고 있습니다. 여러분의 해부학 실습을 위하여 기꺼이 시신을 기증해 주신 분들도 해부학 실습실에서 여러분을 기다리고 있습니다. 의학 공부는 머리로 하는 것이 아니라 엉덩이로 한다는 말이 있지요. 예고 없는 Quiz 시험, 까다로운 그룹토의들도 여러분을 기습할 것입니다. 매주 월요일을 계통강의과목 시험일로 지정하여 여러분의 주말을 예외 없이 반납하게 하는 교수님들도 계시지요. 강의실에 1분이라도 늦으면 들어오지 못하게 하는 교수님도 계십니다. 그러니 4년 내내 긴장해야 합니다. 또한, 엄청난 후배들이 여러분을 기다리고 있습니다. 공부에 관한한 공포스러운, 소위 공신(工神)으로 불리는, 한양의대 의예과출신 학생들이지요. 전원 수능성적 0.1% 상위권에 드는 사랑스러운(?) 후배들이 선배들을 느긋하게 기다릴 것입니다. 여러분은 이런 학생들과 한 클래스 내에서 4년간 경쟁을 해야 합니다.

의사는 전문가입니다. 그것도 생명을 다루는 전문가이니, 여러분의 아차! 하는 순간적인 잘못된 판단으로 환자들은 몸이 훼손당할 수도 있으며, 또한 생명도 잃을 수 있습니다. 어찌 보면 여러분의 훌륭하신 부모님을 만나 오늘의 여러분이 있듯이, 환자들도 훌륭한 의사를 만나야 하는 것입니다. 그러니 여러분 스스로를 위해서가 아니라 환자들을 위하여 여러분은 모두 훌륭한 의사가 되도록 노력해야 합니다. 일단 여러분은 교수님들의 가르침에 따라 의사국가고시를 통과하여 의사는 될 것입니다. 그러나 그것은 보통의사일 뿐입니다. 더욱 훌륭한 의사가 되기 위해서는 의사라는 전문가 그룹의 내부에서 자신을 채찍질하면서 부단히 경쟁을 해야 합니다. 내부는 물론 타 의과대학 및 의학전문대학원 출신 의사들과도 경쟁을 해야 합니다.

훌륭한 의사의 경쟁력은 무엇일까요. 그것은 바로 인문학에 있습니다. 과학적 지식만을 머릿속에 갖춘 의사는 보통의사일 뿐입니다. 환자는 머리로 보는 것이 아니라 심장으로, 마음으로 진료해야 하지요. 병을 치료하는 것이 아니라 사람을 치료해야 하는 것입니다. 그러므로 여러분은 전문적 지식 학습과 함께 마인드에너지를 풍부하게 하는 인문학에 관심을 많이 두어야 합니다. 환자들의 언어를 이해하고 마음을 읽으려면 그들의 언어는 물론, 문화를 이해해야 하며, 그들의 가족배경까지도 살펴야 하고, 환자가 속한 가정과 조직의 배경까지, 즉 사회의 모든 것에 관심을 두어야 합니다. 그러니 무엇보다도 학창시절부터 책을 많이 읽고, 음악, 미술, 문학 등 예술도 접하며 인간학적 통찰에서 비롯된 풍부한 감성을 키워야 합니다.

여러분이 졸업할 때쯤, 여러분 스스로 평가를 해볼 기회가 있을 것입니다. 그런데 '나는 과연 훌륭한 의사가 될 자질이 있을까?' 이런 평가는 결국 여러분의 동료들이 하게 됩니다. 자신도 물론 다른 동료들을 평가하게 됩니다. 전문가그룹은 비전문가가 평가할 수 없으니 그룹 내에서 스스로 평가할 수밖에 없기 때문입니다. 자신이 아플 때, 또는 가족이 아플 때, 스스럼없이 의뢰할만한, 실력과 함께 人性도 최고인 동료가 주위에 많은 것이 훌륭한 조직입니다. 물론 동료가 아플 때, 스스럼없이 자신을 선택해주는 동료가 많을수록 여러분은 더욱 훌륭한 의사가 될 것입니다.

의학전문대학원 입학에 들떠있을 여러분에게 축하 메시지와 함께 이런 내용의 편지를 보내는 것은 부디 내년 3월의 1학기가 시작되기 전까지 알찬 시간을 보내기를 당부하기 위함입니다. 신입생 여러분을 위하여 내년 2월에는 약 3주간의 기초예비강좌가 개설됩니다. 이 강좌는 여러분 모두 의무적으로 참석해야 합니다. 그러니 11월~내년 1월의 3개월간, 여러분은 무엇보다도 인문학적 소양을 더욱 키우는 3개월이 되기를 당부합니다. 의학전문대학원 4년 동안 이런 기회는 다시 오지 않습니다. 이 귀중한 시간을 헛되이 보내지 말고, "인간을 깊이 이해하는 고뇌에 찬 의사"의 모습을 위한 예비기간으로 만들어 보세요. 책도 읽고, 영화도 보고, 미술, 음악, 여행 등 모든 것을 섭렵하는 귀중한 3개월이 되기를 바랍니다.

여러분의 꿈이 이루어진 것은, 다시 한 번 이야기 하지만, 여러분의 훌륭하신 부모님들의 은혜임을 부디 잊지 마시고, 그동안 못다한 효도도 열심히 하시길 바랍니다. 모두 건강한 모습으로 내년 2월에 보기를 원합니다.

다시 한 번 입학을 축하하며 두 손 벌려 환영합니다.

미켈란젤리의 복수

다떼야마(立山) 기행에서

60 · 61

유태연

· 서울 生(1936.1.24.)
· 서울大學校 醫科大學 졸업(1960)

〈前〉
· 韓一病院 皮膚科 科長
· 慶熙大學校 醫科大學 敎授
· 乙支病院 皮膚科 科長
· 大韓皮膚科學會 理事長
· 大韓皮膚科學會 會長
· 大韓皮膚科開院醫協議會 會長
· 서울大學校 醫學大學 外來敎授
· 漢陽大學校 醫科大學 外來敎授
· 서울特別市 中區醫師會 會長
· 서울特別市 醫師會 弘報理事 겸 醫師新聞 編輯人
· 大韓醫學協會 弘報理事 겸 醫協新報 編輯人
· 皮膚科 專門醫, 醫學博士(서울大)

〈現〉
· 兪泰演皮膚科醫院 院長

· 주소	서울 중구 장충동 1가 118
· 전화	(02)2267-8827
· 팩스	(02)2272-4406

미켈란젤리의 복수

아르뚜로 베네데티 미켈란젤리(Arturo Benedetti Michelangeli)는 이탈리아가 낳은 금세기 최고의 세계적 피아니스트이다. 그는 1920년에 태어나서 1995년 사망할 때까지 말 그대로 파란만장한 생을 살다 갔다. 그의 나이 3살 때 처음 피아노를 시작했고 19살 나던 해 제네바 국제 콩쿠르에 출연하여 새로운 리스트의 출현이라는 격찬을 받기도 했다. 2차 대전 때에는 전투기 조종사로 활약했으나 한편으론 파시스트에 대한 지하 저항운동을 감행하기도 했다. 1933년부터 5년 동안 뜻한 바 있어 의학을 공부하였으며 의사가 되어 볼로냐 대학의 교수로 연구 활동을 하기도 했다. 종전과 더불어 영국과 구라파를 위시하여 미국 등지에서의 활발한 연주활동으로 전 세계적인 명성을 쌓아 가기도 했다. 그의 연주회에는 항상 자신의 "Steinway & Sons" 피아노를 직접 운반하여 갔으며 조율사를 대동하여 자신에게 가장 알맞은 악기를 준비하는 섬세함을 보이는 것으로도 유명하였다. 더러 그의 괴팍한 성격이 세인의 입에 오르내리기도 하였으나 그의 완벽을 추구하는 연주태도에는 모두가 경의를 표할 뿐이었다.

1952년부터 1959년까지 자신의 건강이 나빠지자 그는 다시 의학 공부를 재개했고 건강을 회복하자 또다시 왕성한 연주를 계속하게 되었다. 그러다가 음악 매니지먼트사와의 계약 실수로 막대한 부채를 지게 되었고 전 재산을 몰수당하기에 이른다. 연주여행을 마치고 집에 돌아온 그는 세무서에서 압류해간 두 대의 스타인외이가 있던 빈자리를 바라보면서 분노의 함성을 토했다. "앞으로 평생을 두고 이탈리아 땅에서 이탈리아인을 위하여 연주하지 않을 것이다." 그리고는 이웃 나라 스위스로 이주하고 말았다.

실제로 그는 영국 런던에서 예정된 4회의 연주회를 취소했다. 그 연주회의 입장권 80매를 이탈리아 사람들에게 판매하였다는 것이 연주 거부의 이유였다. 오죽 화가 났으면 그렇게까지 했을까 싶어 일말의 동정을 금할 수 없었지만 그래도 자신의 조국인데 너무 지나친 것이 아니었나 하는 유감스런 생각이 들기도 했다. 지난날 그는 나름대로 전 세계에 조국 이탈리아의 국위를 선양하는 데 큰 힘을 써 왔지만 그럼에도 불구하고 그와 같은 서운한 대접을 한 데 대하여 뿌리 깊은 원한을 안고 조국을 등지면서 복수의 칼을 휘둘렀던 것이다. 한이 맺히면 제 나라를 향하여 복수의 칼날을 겨눌 수도 있다는 것인가. 아무리 따져 봐도 도저히 그럴 수는 없으리라는 생각이 든다. 어쨌거나 그는 이웃 나라 스위스에서 만년을 보내다가 1995년 6월 12일 한 많은 생애를 끝마칠 때까지 자신의 조국을 제외한 전 세계를 떠돌며 연주를 했던 것이다.

최근 대한민국의 의사들이 무척 어려운 상황에 놓여 있다는 심각한 보도가 있어 세인의 눈길을 끌고 있다. 격 주간지인 "미래한국"의 최신판, 432호(2012. 10. 22발행)를 보면 현재의 국민의료보험 제도하에서 의사들이 당하고 있는 어려움과 그에 따른 한국 의학의 앞날,

앞으로 환자들이 겪어야 할 중대한 위기에 대해서 취재한 기획 기사를 30페이지에 걸쳐 특집으로 게재하고 있다. 세계적으로 가장 성공한 최고의 의료보험제도의 모델이라고 선전하기에 혈안이 된 정부나 관계기관들은 모든 것이 자신들이 잘해서 이루어 놓은 업적으로 생색을 내고 있지만 실제로 그 그늘에 가려 있으면서 희생을 강요당하고 있는 의사들을 위시한 의료 관계자들의 고통에 대해서는 묵살로 일관하고 있다는 사실을 심도 있게 다루고 있다. 현실을 외면한 저수가 정책에서 기인하는 경영상의 어려움과 경제적 박탈감, 그것도 모자라 의료비 삭감이라는 횡포로 빼앗아 가는 피에 젖은 돈이 년간 수백억에 이른다고 까발리면서 마치 의료인들의 큰 비리라도 적발한 듯 공치사에 여념이 없는 것도 지적되고 있다.

보험재정을 보호한다는 미명하에 시행되는 제도 중에 차등수가제라는 것도 지적의 대상이 되고 있다. 의사가 하루 75명 이상의 환자를 보면 76명 째부터는 진찰료의 10%에서 50%까지를 깎아 지불하는 제도를 말한다. 도대체 기준보다 더 많은 환자를 진료하였다면 그 노고에 감사하는 차원에서 진찰료를 올려 주는 것이 상식이거늘 많이 봤다고 깎는 것이 웬 말인가.

또, 최근 컴퓨터식 심사라는 것이 실시된 이래 약품비 삭감 행태가 더욱 심각해지고 있다. 기계라는 것은 인정사정이 없는 물체이다 보니 입력된 코드와 처방한 약이 맞지를 안으면 무조건 삭감하고 마는 것이다. 예를 들어 피부과에서 흔한 병중에 하나인 신경성 피부염이라는 것이 있다. 이름이 신경성이지만 실제로는 습진의 만성 국소성 재발성 피부염이다. 그러나 정신적 스트레스에 상당히 영향을 받는 질환인데 오랜 임상적 경험에 비추어 일반적으로 투여하는 항히스타민제 이외에 항우울제나 신경안정제를 소량 병용하면 치료 효과가 신속히 나타날 뿐 아니라 재발기간이 상당히 연장되는 효과를 보인다. 그뿐만 아니라 삼환계 항우울제는 피부의 가려움을 유발하는 세로토닌이라는 물질을 콩팥에서 재흡수하는 것을 억제하는 작용이 있어 정신질환 이외에도 피부과에서 널리 사용되고 있는 약제이다. 이러한 치료법은 이미 피부과 교과서에 기재되어 있다. 그러나 항우울제나 신경 안정제의 허가 받은 적응증에 신경성 피부염이라는 코드가 들어 있지 않기 때문에 기계는 즉각적인 약품비의 삭감을 결정하고 의사에게 지급해야 하는 진료비에서 곧바로 환수조치가 이루어지게 되는 것이다. 뭐 주고 뺨 맞는다는 옛말이 바로 이런 경우에 해당하는 것이 아닐까.

이와 같은 예는 얼마든지 있어 그 예를 다 들 수는 없지만, 나병에 사용하는 답손이란 약물은 나병 이외에도 포진상피부염 이라든가 손바닥 발바닥의 농포진 같은 질환 등에 면역 억제 효과를 기대하며 널리 쓰이고 있다. 이런 약리효과는 이미 피부과 교과서에까지 등재되어 있는 사항이지만 이 약의 허가된 적응증에서는 빠져 있는 상태다. 물론 제약회사들의 무심한 대처가 문제가 됐겠으나 이런저런 상황의 고려 없이 컴퓨터만 믿고 삭감과 환수를 마구 실시한다는 것은 의사의 입장에서 보면 억울하고 가슴이 아픈 일이다. 동네의원들의 소액 환수는 그냥 참아주는 수밖에 없겠지만 삭감액이 몇십 억, 몇백 억에 이르는 대형병원들의 사정은 현실적으로 매우 어려운 심각한 문제일 수밖에 없다.

의사가 환자에게 내리는 처방이나 처치는 그 의사가 지니고 있는 의학지식의 금강석 같은 숭고한 결정체라 할 수 있다. 그렇기 때문에 그 결정에는 사심이나 술수나 허욕이나 욕심이 끼어들 수가 없다. 오로지 환자의 질병을 치료하는 데에 온갖 지식과 경험이 동원되어 있을 뿐 아니라 그것은 바로 의사의 자존심과 명예인 것이다. 그런데 그 숭고하고 고결한 명예와 자존심을 건드리고 훼손한다면 가만히 있을 의사가 있겠는가. 겉으로는 어정쩡하게 참고 넘어갈지 모르지만 마음속에 끓고 있는 불만과 분노는 언제까지 견뎌 내야 끝이 날 것인가. 가슴이 터질 듯 답답하기만 하다. 어쨌거나 이 나라에서는 의사들이 이런 괄시와 천대를 계속 받는다는 것이 현실이고 이런 상황이 오래간다면 미켈란젤리가 복수하듯 "나는 앞으로 평생 동안 대한민국 땅에서 또 대한민국사람을 진료하지 않겠다."고 선언하며 이 나라를 떠날 의사들이 나오지 않을까 자못 걱정된다.

앞서 소개한 기사 중에 이미 개원을 정리하고 먼 나라로 이민을 떠났다는 의사의 이야기는 다가올 의료계의 험난한 위기를 예감케 한다.

다떼야마(立山)기행에서

일본 서해안, 노도한도(能登半島)가 감싸고 있는 도야마만(富山灣)을 넘어 동남쪽으로 뻗어 나아간 드넓은 평야의 끝자락에 일본의 북 알프스 연봉과 그중에서도 가장 높다는 다떼야마의 위용이 자리를 잡고 있다.

해발 3,015미터! 작년에 내린 눈 더미가 지금 10월인데도 아직 다 녹지 않고 구석구석 쌓여 있는 높이다. 올해로 열 번째, 도야마 공항에 내려서 바라보는 산이 무척이나 반갑다. 그저 날씨가 좋기만을 빌어 볼 뿐이다.

I

아마 17년 전쯤이었을까, 그때도 다떼야마를 등정하려고 도야마시(富山 市)에 도착했을 땐가 보다. 공항버스에서 내려 예약된 호텔을 찾아가려고 도야마 역전 정거장에서 내렸다. 마침 지나가던 행인에게 그 호텔의 위치를 물었더니 한 정거장 전에서 내렸어야 했다는 얘기다. 대충 방향을 묻고 고맙다는 인사를 건네고 발길을 돌리려는데 그는 대뜸 내 짐을 빼앗아 들더니 앞장서서 안내를 자청하는 것이었다. 아마도 나의 서툰 일본어가 외국인으로 보였을 터이고 길을 몰라 방황할 것으로 짐작이 갔던 모양인데 빤한 길에 찾아가기도 어려울 것 같지 않아 사양해 보았으나 전혀 개의치 않고 끝까지 안내를 하겠다고 나서는 것이었다.

7월의 오후, 뙤약볕이 내리쬐는 거리에서 우리는 땀에 흠뻑 젖고 말았다. 호텔 체크인이 끝나고 우리는 호텔 로비에 앉아 시원한 음료를 마시면서 정식으로 인사를 나누게 되었다. 그는 도야마시의 한 회사의 중견간부로 일하는 인텔리였다. 그의 말로는 여러 차례 서울을 방문한 적이 있다면서 서울 시내의 아름다운 고궁에 대한 이야기로 화제를 이어 갔다.

이번이 네 번째 다떼야마 등정을 위해 왔노라고 하자 자기 고향의 명산을 그렇게 좋아한다니 더 이상 좋을 수가 없다고 했다.

대화 도중 자신의 먼 조상이 고대 한국 가야로부터 도래하였다고 옛 가족사까지 들려주며 친근함을 보여주는데 그리고 보니 그의 생김새가 왜족이나 아이누족보다는 넙데데하게 잘생긴 한국인을 더 많이 닮아 있음을 느낄 수 있었다. 뿐만 아니라 이 지역에서 마주치는 대다수 주민들의 모습이 우리 한국인의 생김새와 너무나도 흡사해서 얼핏 한국의 어느 작은 도시에 와 있는 것 같은 착각에 빠지기도 했다.

그야 그럴 수밖에, 한반도에서 멸망한 가야나 신라의 귀족들이 도망갈 곳은 빤하지 않은가. 반도의 동남부에서 배를 타고 동쪽으로 똑바로 항해하면 도달하는 곳이 지금의 일본의 서해안 호꾸류꾸(北陸) 지방이고 도야마겐(富山縣)을 비롯하여 이시가와겐(石川縣), 후꾸이겐(福井縣), 니이가따겐(新瀉縣)이 주 기착지가 되었을 터이다.

백제계나 고구려계가 가장 가깝게 남쪽으로 항해한다면 남으로 규슈(九州)에서 동쪽으로 교토(京都)에 이르기까지의 광범위한 지역에 도달하게 되었을 것이다.

이렇게 바다를 건너온 사람을 도래인(渡來人)이라 한다.

그들은 원주민인 왜족이나 아이누족들을 무자비하게 몰아내고 부족국가를 형성하였을 터이고 나아가 일본이라는 나라를 세우게 되었을 것이다.

그러나 한 가지 우리가 유념해 두어야 할 문제가 있다.

한반도에서 패망해서 쫓겨났거나 피치 못할 사정으로 도망을 한 사람이라면 떠나온 고향과 그곳 사람들에 대한 뿌리 깊은 원한이 가슴 속에 도사리고 있으리라는 점이다. 이런 원한은 알게 모르게 자자손손 이어져 무의식의 세계에까지 잠재되어 뚜렷한 이유도 없이 증오와 반발, 적개심과 혐오의 감정으로 나타날 수가 있을 것이다. 한일 간의 역사를 들추어 볼 때 임진왜란을 위시하여 을사보호조약으로 조선을 먹어버린 과거의 횡포와 수도 없이 침범한 왜구들의 만행이 단순한 침탈만이 아니라 그와 같은 정신적 콤플렉스에도 연관이 있으리라 추측해 본다. 오늘날 독도 문제를 제기하고 말썽을 부리는 것도 이런 데에 기인한다고 보아도 큰 틀림이 없으리라. 이런 콤플렉스가 말끔히 걷히려면 더 오랜 세월이 흘러야 할 것이고 한일 간의 솔직한 속내의 이해와 관용이 뒤따라야 이웃 나라로서의 선린 관계가 성숙하리라 생각한다.

우연한 기회에 일본 땅에서 가야의 후예를 만나 신세를 지게 된 것도 뜻밖의 행운이요 역사의 뒤안길에서 옛일들을 되짚어 추리할 수 있었던 것도 복으로 칠 수밖에 없다.

자신의 갈 길을 마다하고 낯모르는 이국의 나그네를 위해 어려운 안내를 자청하고 나선 그 마음씨 좋은 사람이 바로 가야의 피를 이어받은 우리의 혈족임을 알게 된 것 또한 큰 발견이었고 아마도 오랜 동안 내 마음속에 깊은 감동으로 남아 있으리라.

II

당장 쓰지도 않을 짐을 들고 여행을 하는 것만큼 괴로운 일도 없다. 마침 산행을 하려는 참에 옷 보따리 같은 걸 끌고 다닌다는 것은 참을 수 없는 일이다. 그런 사람들을 위해서 역 구내에는 코인락커라는 물품 보관함이 있기 마련이다. 산을 오를 때 꼭 필요한 물건만을 최소한으로 챙기고 나머지 짐들은 락카에 넣기로 했다.

락카의 하루 이용료는 보관함의 크기에 따라 일본 돈으로 대개 3백 엔에서 5백 엔에 이른다. 먼저 짐이 들어갈 만한 크기의 것을 결정하여 놓고 편리한 위치의 짐칸에 열쇠가 꽂혀 있는 빈 보관함을 골라 문을 열고 보관할 짐을 넣는다. 보관함의 공간과 짐이 잘 맞으면 문을 닫고 소정의 동전을 집어넣은 다음 열쇠를 돌려 빼면 문이 잠긴다. 그러니까 열쇠가 꽂혀 있는 함은 비어 있다는 표시인 것이다. 마침 적당한 자리에 빈칸이 있어 얼른 열어 봤더니, 아니 이게 웬 일인가. 비어 있어야 할 보관함에 웬 여자 손가방이 들어 있는 것이 아닌가. 깜짝 놀라 얼른 문을 닫고 다른 함을 찾아 짐을 보관했다. 그런 다음 가만히 생각해 보니 어떤 사람이 문 잠그는 것을 깜빡하고 열어 놓은 채 그냥 간 것이 아닌가 하는 생각이 들어 마음이 불안해졌다. 혹시 도난이라도 당하면 어쩌나 싶어 관리인에게 알리기로 하고 지나가는 사람들에게 물어물어 락카 관리인을 찾아 자초지종을 신고했다. 관리인은 이야기를 듣자마자 일언지하에 '와루이 히토(나쁜 사람)' 라고 힐난한다. 대체 왜 이러나. 외국을 여행하다가 그래도 뭐 좋은 일 한가지 하고 가자고 일부러 찾아와 신고까지 했는데 이건 너무하다 싶은 생각에 잠시 어리둥절하다가 번개처럼 머리를 스치는 추리가 번쩍했다. 아하, 그랬구나. 공짜였구나.

동전 3백 엔을 넣지 않은 채 문을 열어 놓고 가더라도 누가 그걸 집어 가겠나. 문을 열자마자 어떤 물건이 들어 있으면 누구라도 반사적으로 얼른 문을 닫게 되지 공연히 도둑의 누명을 쓸지도 모르는데 문을 열어놓고 얼쩡거릴 사람이 어디 있을까. 바로 이런 인간 심리를 이용하여 3백 엔을 아끼는 공짜 범행을 저지른 것이 틀림없어 보였다. 일본에도 이런 고도의 지능범이 더러 있는가 보다. 우리의 위안부 기림 비 옆에 일본 제국주의 글이 적힌 말뚝을 밤사이 슬그머니 박고 가는 나쁜 사람과 다를 바가 없다.

"와루이 야쯔"(나쁜 놈).

III

도야마역에서 전철로 50분쯤 가면 다떼야마 역에 도착한다.

여기서부터 차 바닥에 고정된 케이블에 끌려 급경사를 오르내리는 진짜 케이블카를 타고 10분 정도 오르면 비죠다이라(美女平)라는 버스 터미널에 이른다. 가파른 산중턱을 깎아 만든 이 좁은 터미

널에서 버스를 타고 텐구다이라(天狗平)라는 정거장을 거쳐 해발 2,400미터인 다떼야마 무로또(立山 室堂)에 이른다.

무로또에서 혀가 저릴 만큼 찬 석간수를 한 사발 들이키고 다시 해발 2,700미터에 있는 등산대피소까지 오른다. 일단은 거기까지다. 그곳에서 정상까지는 깨진 화산석 돌무더기로 이루어진 험한 길이여서 여든을 바라보는 이 나이에 오르기에는 매우 가파르고 위험한 코스다.

산을 오르면서 불타듯 아름다운 단풍 구경도하고 일본에서 제일 크다는 폭포도 보고 서쪽으로 아득히 내려다보이는 도야마시의 앞바다, 시도 때도 없이 산과 깊은 계곡을 휘말아 오르는 구름, 석양에 반짝이는 동해의 물결(그들은 일본해라 한다) 가히 선계(仙界)라 할 만 하다.

그러나 오랜 동안 내게 의문과 관심을 붙들어 매는 것은 그런 경치가 아니라 아무리 해석을 하려 해도 해석이 되지 않는 이상스런 지명에 있다.

한자로 평(平)이라 써놓고 "다이라" 라고 읽는 것은 무슨 뜻인가.

역시 한자로 실당(室堂)이라 써놓고 "무로또"라 읽는 것은 무슨 의미인가.

平은 일본말로 "헤이" 또는 "히라"라고 읽는 것이 정상이다. 室堂은 "시쯔또"또는 "무로또"라고 읽는다. 또한 "무로또"란 단어는 높은 산 정상을 일컷는 일반 명사다. 인근 가나사와(金澤)시에서 올라가는 하꾸산(白山)의 정상부근을 "하꾸산 무로또(白山室堂)"라고도 한다.

平 = 다이라, 정상(頂上)인 室堂 = 무로또. 이 두 개의 등식이 내

머리 안에서 끈임 없이 지끈 거린지는 꽤 오랬다. 무슨 뜻일까.

낮부터 꾸물거리던 날씨가 검은 구름이 덮쳐 오면서 비가 세차게 쏟아지기 시작했다. 하는 수 없어 미꾸리가이께라는 호수 인근에 자리한 작은 호텔에서 잠시 비를 피 하기로 했다. 호텔에 들어가다 나는 모자에 묻은 빗물을 털며 혼잣말로 중얼거렸다.

"오늘은 비가와 영 파이라!"

우연찮게 부산사투리가 튀어 나왔다. 그러다가 문뜩 '파이라' '파이라'를 입안에서 되풀이 하다가 '다이라'란 단어가 떠올랐다.

다이라-따이라-땅이라? 그렇다면 이 지명들이 그 옛날 한반도에서 건너간 말? 그것을 이두(吏讀)로 표기 했다면? 평평한 땅이라. 그래서 쓰기는 平, 읽기는 다이라? 그럴듯한데.

그렇다면 무로또는? 산의 정수리, 옛 말로는 머리, 마루, 마루턱-머루터-머로터-일본식으로 모로터-므로또-무로또? 이 역시 한반도에서 건너온 옛말에서 변화된 것일까?

비죠다이라는 비좁은 땅?, 텐구다이라는 모양이 둥글다고 둥근 땅?

나의 고문(古文)실력이 이를 증명할만한 수준이 아니라는 것은 잘 알고 있다. 그러니 이것을 학술적으로 증명하는 것은 학자들의 소임이고 나는 내 나름대로 취미수준에서 말뜻을 해석하며 즐기는 것으로 만족하면 족한 것이 아닐까.

작가 이영희 선생님의 "또 하나의 만엽집(万葉集)"이라는 고대 일본 시가(詩歌)의 해설서를 읽어보면 고대의 우리말과 이두의 유입이 일본어문과의 밀접한 상관관계를 입증하고 있음을 알 수 있다.

시가의 낱말과 뜻은 고대 한국의 말이고 문자는 한자(漢字)를 빌어 이두로 표현한 노래 4천7백여 수를 모아 집대성 한 것이 바로 일본이 전 세계에 자랑하는 최고의 고전문학서 만엽집이다. 여기에 게재된 시가 중에 도저히 일본말로는 해석이 되지 않는 것들을 이영희 선생님께서 고대 한국말로 해석 하신 것이 "또 하나의 만엽집"인 것이다.

이쯤 되면 오늘날 일본 땅에서 살고 있는 국민들이 어디서 온 누구의 후손들인지 짐작하기 어렵지 않을 것이다.

높은 산중에서 폭우에 쫓겨 다니다 오랜 숙제를 풀었다고 생각하니 십년 묵은 체증이 뚫리는 것만 같다.

옛날 우리의 피붙이들이 건너와 살아가면서 여기저기 심어 놓은 우리의 옛말들을 찾아내고 그 뜻을 풀어 보면서 어제와 오늘의 한일관계사를 재조명하는 것도 흥미 있는 일이라 생각된다.

그리고 보니 일본은 한국 땅?

유태연 다떼야마(立山)기행에서

홍순기

· 서울대학교 의과대학 졸업
· 서울대학병원 산부인과 전문의 수료
· 서울대학교 의과대학원 박사학위 취득
· 한국보훈병원 재직

〈현재〉
· 청담마리산부인과 원장
· 대한피임생식보건학회 부회장
· (사) 한국성폭력상담소 이사
· 의사평론가협회 회원
· 박달회 회원

〈저서〉
· 119여성클리닉 (공저, 도서출판 그린비)
· Agenda 2000 미래혁명이 시작된다 (공저, 범우사)
· 무늬마을 사람들 (공저, 도서출판 토우)

· 주소 135-100 서울 강남구 청담동 76-1 청담마리산부인과
· Tel 02-541-9114 [Fax] 02-541-9115
· E-mail marieh@unitel.co.kr
· Wed http://www.marieclinic.co.kr

사유(思惟), 새처럼 나비처럼

- 진실에 관하여

우리가 보고 듣고 느끼는 것이 모두 사실일까?

"라쇼몽 효과"라는 말이 있다. 우리가 보고 들은 것은 자신에게 유리한 쪽으로 편집된 후 진실이라고 기억된다는 것을 말한다. 그러니 내가 직접 보고 기억한 것조차 주관적인 심리와 욕망에 의해 왜곡되지 않았다고 보장할 수 없다.

"라쇼몽(羅生門)"이란 1950년 일본에서 제작된 구로사와 아키라 감독의 영화로 1951년 베니스 국제영화제 황금사자상을 수상한 세계적인 고전명작이다.

일본 헤이안시대 헤이안쿄지방(지금의 교토)에 폐허가 된 라쇼몽에 스님과 나무꾼, 그리고 지나던 행인이 폭우를 피해 들어왔다. 영화는 나무꾼이 살인사건 목격담을 이야기하는 것으로 시작된다.

사무라이와 그의 아내가 숲속을 지나던 중 악명 높은 산적을 만나게 된다. 산적은 여인을 탐내어 두 사람을 덤불속으로 꼬여 남편을 묶고 그가 보는 앞에서 아내를 범하게 된다. 후에 묶여있던 사무라이는 죽어있는 시체가 되어 지나던 나무꾼에 의해 발견되고 나무꾼이 이를 관아에 신고하였다. 관아의 사또는 붙잡혀온 산적, 아내, 그리고 무당을 통해 죽은 사무라이의 영혼의 증언을 듣는다. 하나의 살인사건을 두고 이들은 모두 적어도 거짓을 고하는 것은 아닌데 전혀 다른 내용의 이야기를 한다.

산적의 말은, 여인을 범한 후 자신의 아내가 되어달라고 하자 둘 중 하나는 죽어야 한다며 둘의 결투를 부추겼으며 막상막하로 겨루어 사무라이 남편을 죽이고 보니 여자는 도망가고 없더라는 것이다. 사무라이 아내의 증언은, 남편 앞에서 겁탈을 당하면서 마주친 남편의 경멸하는 눈빛에 이성을 잃고 묶여있는 남편을 살해하고 말았다는 것이다. 무당을 통해 강림한 사자(死者)의 영혼은, 겁탈당한 후 산적의 아내가 되겠다고 수락하는 아내에게 환멸을 느꼈으나 산적이 남자로서의 격을 갖추어주는 예의로 아내를 죽일까 말까 물어보자 아내를 용서한다고 하였으며 산적이 묶은 새끼줄을 풀어주고 떠나가자 떨어진 아내의 단도로 자결을 했다고 한다. 이들은 각각 같은 사실을 놓고 명예를 지키면서 자신을 미화하고 보호하는 방향으로 증언하는 것이다.

객관적일 것으로 여겨지는 나무꾼의 목격담조차 자신의 이기심이 반영된 것이 확인되면서 도대체 완벽한 진실은 무엇이며 과연 존재하는 것인가 하는 혼란에 사로잡히게 된다.

이 영화의 주제를 2차 세계대전에 패한 일본의 허망한 제국주의를 비판하는 알레고리라고 보는 견해도 있다.

경험한 것을 기억에 각인하는 과정에 주관과 감성이 끼어들 수 있다. 일단 각인된 기억을 충실하게 또는 과도하게 믿고 그 믿음을 견해가 다를 수 있는 타인에게 강요할 때 인간사에 불행이 시작된다. 사람과 사람 사이에 벽이 생기고 오해와 어리석은 적개심이 생기고 전쟁도 생길 수 있다.

얼마 전 “위키드”라는 브로드웨이 뮤지컬을 볼 기회가 있었다. 이 내용 역시 미국의 고전 “오즈의 마법사”에서 도로시가 오즈에 떨어지기 전의 일들을 기발한 상상력과 반전으로 꾸민 이야기이다. 나쁜 마녀로 알려진 서쪽의 초록마녀가 사실은 불의를 보면 참지 못하는 성격의 우직한 마녀이며 동쪽의 아름다운 금발마녀는 잘못된 상황에서도 이를 방관하는 용기 없는 공주병의 내숭쟁이라는 것이다.

또 최근에는 백설공주의 이야기를 계모왕비의 이야기로 풀어나간다든지 백설공주가 일곱 난장이나 왕자의 도움으로 계모왕비를 몰아낸 것이 아니라 자신이 군대의 선봉에서 왕위를 쟁취하는 것으로 그리는 영화들도 나오고 있다. 그림형제의 백설공주 이래 200년 만에 그녀가 손에 칼을 든 것이다.

어떤 동화작가는 고전 백설공주를 정치적 대립으로 재구성 해보는 시도를 하기도 한다. 계모왕비는 실권을 장악했으나 백성들의 지지를 얻지 못하고 있었다(동화 속 거울은 계모왕비가 민심을 확인하는 어떤 방법을 상징하는 것). 재야로 쫓겨난 백설공주가 은밀한 세력들(일곱난장이)과 결탁하여 세 차례의 싸움(허리끈, 독빗, 독사과)을 하였는데 마지막 싸움(독사과)에서 지고 만다. 하지만 이웃 동맹군(이웃나라 왕자)의 힘에 편승하여 백설공주는 최후의 승자가 되고 계모왕비는 불쌍한 정치적 최후를 맞게 된다. 이렇게……. 재미있다. 역사는 승자의 기록이라고 하니 어쩌면 계모왕비는 정치적 패배로 인하여 실제와는 달리 사악한 왕비로 그려진 것일 수도 있지 않을까?

이러한 시각 바꾸기는 정신을 맑게 해준다. 자칫 매너리즘에 빠질 수 있는 정신을 차리게 해준다. 권위적 도덕과 윤리의 기준을 한번 혼란스럽게 흔들어 보기도 한다.

파이프의 그림 아래 "이것은 파이프가 아니다(Ceci n'est pas une pipe)"라는 글씨가 쓰여 있는 작품이 있다. 초현실주의 화가 르네 마그리트의 작품이다. 아니 이게 파이프가 아니면 무어란 말인가? 파이프 모양 속에 초현실적인 어떤 다른 게 있나? 머리를 굴리다가 웃고야 만다. 그림의 제목은 "이미지의 배반(La trahison des images)"이다. 이것은 파이프의 그림이지 파이프가 아닌 것을...

예술적 유머는 정신을 유쾌하게 해준다. 또한 보고 인지한다는 것이 실존 앞에 얼마나 허망한 것인지 새삼 확인하게 된다.

어쩌면 진실과 실체는 하나의 추구해야 할 가치이지 실존하는 것이 아닐 수도 있다. 그것이 사물이든 사실(팩트)이든 자신이든 타인과의 관계이든, 맑은 정신으로 인식하고 성실하게 만들어 나가는 것이 우리가 할 수 있는 최선일 것이다.

날씨가 지나치게 화창하거나 집에 있기 답답하다고 느껴지는 일요일이면 남산 산책로를 찾고는 한다. 가기 가까운 시내에 있으면서도 자동차나 빌딩 대신 꽃과 나무를 볼 수 있고 계절마다 가지는 정취가 있어 많은 서울 시민한테 사랑받는 곳이다. 남산 산책로를 걷다보면 지팡이로 땅을 두드리며 길을 따라가는 맹인들을 쉽게 만날 수 있다. 산책로 중앙에는 이들을 위한 노란색 보도블록이 깔려있다. 주변의 아름다움을 볼 수는 없으나 맑은 공기와 안전함 때문에 이들의 산책코스로 애용되는 것이라 생각된다.

눈부터 즐거운 이곳이어서 그런지 보지 못함이 불러일으키는 안타까움이 더욱 깊다. 듣지 못하거나 말하지 못하면 아름다운 음악이나 사랑의 속삭임을 듣지 못하고 노래할 수 없고 소통할 수 없는 괴로움이 있겠지만 그 어느 것보다 암흑 속에서 살아야 하는 것이 가장 힘들 것 같다는 생각을 해본다.

온전한 감각기관을 가지고 살 수 있다는 것은 참으로 감사한 일이다. 그것을 통해 자유롭게 사유(思惟)할 수 있기 때문이다.

내 마음의 사변(思辨)으로 새가 날아간다.

나이가 들수록 생각이 자유로워지고 가벼워진 생각들이 날아다닌다.

나비처럼 번잡하게 그러나 우아하게 이 꽃 저 꽃 기웃거리기도 한다.

경계인

언제부터인가 다른 사람을 비난하는 것이 어려워졌다.

아마도 나 자신도 비난받을지 모를 두려움이 생기기 시작했기 때문일 수도 있다.

한때는 어떤 일에도 흑백을 가리고, 좋아하는 사람과 싫어하는 사람이 분명하여 소속감 속에 긍지 보따리를 잔뜩 넣어가지고 다녔던 시절이 있었다. 불과 10년쯤 전까지도 그런 성정이 극명하던 나였다.

사랑은 집착이라고 생각하기도 했다. 참으로 일방적인 생각이다.

사람의 완고함도 세월이 가면 삭아드는 것인지……. 전 같으면 질타와 비난의 화살을 쏟아 부을 일에도 그냥 왜 그랬을까 하는 표정으로 그렇게 되기까지의 개연성과 필연성에 대한 추론을 이리저리 엮고 있는 자신을 발견하게 된다.

섣부르게 판단하는 선악이 아니라 단지 원인과 결과가 있을 따름이다.

흑백이 있는 것이 아니라 하나의 다른 색깔로 비춰지기 시작한 것이다.

세상이 더욱 다양하게 보인다. 그것이 아름답게 보인다.

사랑하는 사람을 놓아주는 방법도 조금씩 터득해지는 듯하다.

관계 속의 존재, 맥락 속의 존재로 "나"의 정체성을 부여하는 것이 동양적 사고방식이라면 "나"를 하나의 개체로 분리해 낼 수 있는 것이 서양적 사고방식이다.

동양적 사고방식 속에서는 개인의 희생도 정당화된다. 그 개인이 동양적 사고방식을 가진 사람이라면 그는 자신의 희생을 숭고하게 생각할 것이다. 그러나 그의 사고방식이 그렇지 않다면 그는 관계 속에서 부속품처럼 전락하는 자신을 발견하고 절망하게 된다. 그 시점에서 그는 불행하다.

하지만 분노와 적대감을 가라앉히고, 단지 그가 자신과 다르게 생각하는 집단에 속한 것이 문제인 점을 깨달으면 화해의 말미가 생긴다. 화해와 용서 속에서 아픔이 치유되고 서서히 깨어난 맑은 이성의 눈앞에 지혜로운 길이 나타난다. 그 길에 올라서는 것은 이쪽에도 저쪽에도 속하지 않는 "경계인"이 되는 것이다.

경계인은 어느 쪽에서도 아웃사이더이다. 자신이 선택한 지혜의 길은 타자의 눈에는 배반도 될 수 있기에 비난과 배척을 각오해야 한다. 하지만 그는 인생은 결국 혼자, 인생은 결코 리셋 되지 않는다는 진리로 용기를 얻는다.

경계인이 되는 것은 외줄 타기처럼 위태로울 수도 있다. 그러나 줄 위의 사람은 더 높은 바람을 느낄 수 있고 하늘을 더 가까이 이고 있다. 그렇기에 그는 기꺼이 추락의 제물이 될지언정 줄 위에 위태롭게 서 있나 보다.

내 집 위를 스쳐 가는 바람은 산마루를 스쳐 가는 그런 바람, 바람이었다.
그 바람은 지상의 끊어질 듯 이어지는 음악 가락을, 아니 그보다는 지상
의 음악 중 천상에 속하는 부분을 실어다 주었다.
아침바람은 끝없이 불며, 창조의 시는 중단되지 않는다.
그러나 그것을 듣는 귀를 가진 사람은 드물다.
올림포스 산은 속세를 한발자국만 벗어나면 어디에나 있다.

–데이빗 소로우, 월든

R선생에게

"즉흥적으로 말씀드리는 건 아니구요……. 오랫동안 생각 많이 했습니다."

의사실에서 마주친 선생이 금세 말을 잇지 못하며 눈시울을 붉히는 순간 직감적으로 무슨 말을 하려고 하는지가 머릿속을 스쳐지나갔고, 순간 그런 나의 예상이 빗나가길 바랐습니다. 하지만 언제나 그랬듯이 바람은 직감을 이기지 못하더군요.

"제가 이 일을 하기에 적합하지 못한 사람인 것 같습니다. 육체적으로 힘든 것은 아무 것도 아닌데 정신적으로 버텨내기가 너무 힘이 듭니다. 두려워서 이 직업을 계속할 수 없을 것 같습니다."

산부인과의사로서 충실한 교육과 수련을 받은 선생은 의젓하고 자신감 넘치고, 또 산모들에게도 친밀하고 인기가 높아서, 선배의사로서 선생을 늘 든든하게 생각하고 있는 거 아시죠?

그런 선생의 여린 모습이 의외라고 생각했다가 곧 안쓰러운 마음이 들었습니다. 늘 남에게 당찬 모습을 보여주어야 하는 의사 역시 상처받을 수 있는 인간인 걸 알기 때문이죠.

임신과 출산은 해피엔딩이라는 당연한 기대치와는 달리 이미 그 자체가 내포하는 위험률이 있는 일입니다. 알면 알수록 그 위험은

커 보이는 것이잖아요? 그러기에 산부인과의사는 그 두려움을 극복해야 하고 정진해야 하는 과정을 통해 다져지는 거겠지요.

행복한 결과만 상상하다가 나쁜 결과가 닥쳤을 때 그런 일이 왜 하필 나에게 생겼는지에 대해 사람들은 절망하고 분노합니다. 주체되지 못한 분노의 화살은 밖으로 당겨지지요. 그럴 때 가장 가까이에서 그 화살을 맞게 되는 것이 산부인과 의사인 것 같습니다.

의사의 책임에 대해 한계를 지어주는 현실적 제도가 없는 우리나라의 의료 환경의 척박함은 여기서도 드러납니다. 의사도 사람이니까 그 상처를 견디지 못하여 자살했다는 산부인과 여의사에 대한 기사를 접하기도 합니다. 정말 가슴이 아픕니다.

살다보면 나쁜 일은 한꺼번에 생길 때가 많습니다. 그래서 기진맥진해지면 팽팽하게 잡고 있던 끈을 놓아버리고 싶어지는 게 인지상정이지요. 하지만 밤이 깊으면 새벽이 가까운 거라고 하지 않습니까.

나 역시도 선생과 같은 이유로 괴로워했던 과정이 있었습니다. 혹시 이 시점에서 내가 더 잘했으면 달라지지 않았을까 자책하기도 하고, 이 정도면 의사로서 할 일은 다 한 거라고 위로하기도 하기를 밤새 수없이 번복하며 불면의 밤을 보낸 기억들이 있습니다.

그러기에 감히 이런 말을 해봅니다.

의과대학을 입학할 때 치열한 경쟁 속에서 선생 때문에 하고 싶었던 의사의 길을 포기해야만 했던 어떤 이가 있었을 겁니다. 아니 그 이전에, 우리가 원했던 일을 하면서 살 수 있는 건 선택받은 것이고, 선택받았다는 건 선택받지 못한 자들이 있음을 전제로 합니다. 외람된 선민의식이 아닙니다. 어떻게 보면 무리 중에 혜택 받았다고 생각할 수 있는 나 개인의 삶은 나 혼자만의 안위(安慰)를 위해 살면 안 되는 의무도 있다고 봅니다.

선생이 이 정도로 완성된 산부인과의사가 되기까지의 세월과 노력이 있습니다. 또, 선생이 아직 미숙했을 때에도 그 손길을 받아주었던 환자들을 잊지 마세요.

이쯤 되면 노블레스 오블리주는 가진 자의 알량한 베품이 아니라 이유 있는 숙연한 나눔입니다.

R선생, 산부인과의사 그만두지 마세요…….

서서 오줌 누기

우연히 어떤 여성운동가의 이야기를 듣게 되었다.
6살 된 딸이 서서 오줌을 눈다는 것이다.

실은 남동생만 둘이 있는 필자도 아주 어릴 때 어린 마음에 서서 오줌을 누려고 시도했던 기억이 있다. 하지만 어쩔 수 없는 신체구조 때문에 다리와 옷이 젖어 아, 이건 안 되는 건가보다 하고 이내 포기하고 말았다.

그런데, 그녀의 딸은 두 손으로 대음순을 오므려 요도의 길이를 늘이고 기술적인 자세와 적당한 복압을 이용하여 곧잘 서서 오줌을 눈다고 한다. 양성평등의 섹슈얼리티를 강조하는 여성운동가로서 그녀는 이를 못하게 해야 할 지 그냥 두어야 할 지 심히 고민이 된다는 것이다.

어떤 페미니스트들은 남자아이가 서서 오줌을 누기 시작하는 바로 그 순간부터 남성우월감의 싹이 트기 시작하는 것이라며 남자아이도 어릴 때부터 앉아서 오줌을 누도록 교육해야 한다고 주장하기도 한다.

서서 오줌 누고 싶다 (이규리 · 시인)

여섯 살 때 남자 친구 소꿉놀이 하다가
쭈르르 달려가 함석판 위로
기세 좋게 갈기던 오줌발에서
예쁜 타악기 소리가 났다

그 소리가 좋아, 그 소릴 내고 싶어
그 아이 것 빤히 들여다보며 흉내냈지만
어떤 방법, 어떤 자세로도 불가능했던 나의
서서 오줌 누기는
목내의를 다섯 번 적신 뒤, 축축하고
허망하게 끝났다

도구나 장애를 한 번 거쳐야 가능한
앉아서 오줌누기는
몸의 길이 서로 다른 때문이라 해도
젖은 사타구니만큼이나 차가운 열등이었다

그 아득한 날의 타악기 소리는 지금도 간혹
함석지붕에 떨어지는 빗소리로 듣지만
그 소리엔 젖어 축축한 그늘이 있다

서서 오줌 누고 싶다
마지막 한 방울의 우울까지 탈탈 털어내고 싶다

시인은 앉아서 오줌 누기가 차가운 열등이고 우울이며 서서 오줌 누기에 대한 동경을 이야기하고 있다.

그렇고 보니 이 시대에 뛰어든 6살짜리 꼬마가 시인보다 훨씬 단순하고 당당하게 세상을 향해 도전하고 있는 것이다.

삶과 세상의 의미에 대해 고민하는 학문이 철학이라면 고대 서양철학의 거두라 할 수 있는 아리스토텔레스도 가부장제와 노예제도를 평등의 원칙 이전의 대전제로 꼽는다. 그리하여 고대 그리스 도시국가에서 공직이나 정치에 참여할 능력이 있는 이성적 존재를 귀족 남성으로 제한한다. 남성과 여성의 관계도 자연적으로 우월한 자와 열등한 자의 관계, 즉 지배자와 피지배자의 관계라고 그의 저서에서 말하고 있다. 이러한 남녀 불평등의 사회적 묵계는 동서양, 그리고 고금을 막론하고 지속되어 왔고 여성들은 억압의 정서 속에 길들여지면서 정체모를 열등과 우울을 긴 세월동안 세습하여 왔다.

그러나 뿌리 깊었던 노예제도도 사라진지 200년이 되어가는 지금, 21세기, 남존여비의 가부장적 사고방식은 아직 우리 생활과 사상에 스며있어 여성의 인권을 알게 모르게 침해하고 있다. 노예의 해방은 그들의 저항을 기저로 하였으나 그 당위성에 대해 지배계급이 설득되고 참여하였으며 그들이 노예해방의 주체가 되었다. 같은 맥락인데도 여성해방의 측면에서는 여성들의 저항은 면면히 때로는 거세게 지속되고 있지만, 설득되고 그 기득권을 놓아야 할 남성들은 꿈쩍도 하지 않고 있는 듯하다.

장지아라는 현대설치미술가는 서서 오줌 누는 여성의 누드 연작을 공개함으로써 두터운 기성관념의 벽을 깨려는 도전을 감행한다.

어쩌면 이 작가는 작가 전반의 성향으로 보아 이 작품으로 단순히 여성주의에 집착을 한 것이 아니라 기존의 껍질을 벗어나 새로운 세상으로의 모험을 자처한 것일 것이다. 작가의 의도가 어찌되었거나 여성이 서서 오줌 누려는 시도 속에서 도발적인 처절함이 보인다. 또한 서서 오줌을 누고 있는 여성의 나신에서 익숙하지 않은 풋풋한 아름다움이 보인다.

필자는 우리의 딸들에게 앉아서 오줌 누기의 우아함과 고귀함을 가르쳐야 한다고 생각한다. 그리고 서서 오줌 누기의 기술도 습득했으면 좋겠다. 그 모습도 아름다움으로 자연스럽게 받아들여지기를 바란다. 그래서 그녀들이 오줌을 눌 때 서서든 앉아서든 고정관념 없이 배설하는 자유를 누리게 해주고 싶다.

한편 남자들에게는 앉아서 오줌 누기를 권해본다. 독일이나 노르웨이, 스웨덴 등의 나라에서는 소변이 튀어 옷이나 주변이 불결해지는 것을 방지하기 위해 앉아서 소변보는 남자들이 흔하다고 한다. 스웨덴의 어떤 정당에서는 당사 내 화장실에서 남자도 앉아서 소변보는 것을 당규로 정해놓았다고 하니……. 이슬람 문화권에서는 남자들이 앉아서 소변을 보는 것이 관습이라고 한다. 유목민들이 대부분인 문화권이니 가릴 것 없는 사막이나 초원에서 볼일을 보아야 하기 때문인지도 모르겠다. 청결을 중요시하는 일본에서도 남자의 3분의 1이 앉아서 소변을 본다고 한다. 이렇게 하면 오물이 튀어서 비위생적이 되는 것을 막을 뿐 아니라 방광을 깨끗이 비울 수 있어서 전립선염을 예방하고 성기능을 향상시킬 수 있다고 하니 남성들도 개념전환을 해 볼 문제이다.

긴 겨울이 지나면 올 것 같지 않았던 봄이 어김없이 온다. 버드나무에 소리 없이 오른 연두물이 이윽고 녹음으로 흐드러질 자연의 섭리를 믿어본다.

천석고황(泉石膏肓), 연하고질(煙霞痼疾)

의사와 글쓰기

메밀의 맛

조재범

· 1969년 8월 1일 생
· 1995년 경희대학교 의과대학 졸업
· 2002년 가정의학과 전문의 취득
· 2007년 의사 수필 동호회 박달회 회원
· 현재 성애병원 가정의학과에 근무

천석고황(泉石膏肓), 연하고질(煙霞痼疾)

20년 전 본과 3학년 중간고사 시험 기간 중 나는 중앙도서관 앞 숲속 벤치에 앉아 나뭇잎 사이로 비친 파란 가을 하늘을 바라보고 있었다. 그때 한의대 다니던 친한 친구가 옆에 다가와 내게 말을 걸었다.

"재범아 얼굴 표정이 안 좋아 보이네. 시험 망쳤냐?"

"병이 깊어 몸이 아프다."

"병명이 뭔데?"

"천석고황"

"그게 무슨 병이냐? 고환에 생기는 병이냐?"

"고환이 아니고 고황! 연하고질도 앓고 있다."

"그건 또 무슨 병명이냐? 고질병이냐?"

"무식한 놈. 공부나 열심히 해라. 나는 떠난다."

그 자리에서 바로 가방을 챙겨 동해안으로 떠났다. 시험이 완전히 끝나지 않은 주말이었지만 나는 여행을 떠났다.

천석고황(泉石膏肓)은 샘과 바위가 가슴 부위인 고황에 걸렸다는 뜻이고 연하고질(煙霞痼疾)은 안개와 노을에 빠진 고질병을 뜻하는 말로 모두 병적으로 자연을 그리워하는 모습을 표현하고 있다. 당시에 읽던 책에서 접한 고사성어가 내 모습을 말한 것 같아 천석고황 연하고질이란 여덟 글자가 내 가슴에 박혀있었다.

나에게 여행과 자연은 단순한 즐거움 이상의 의미였다. 없으면 살 수 없을 것 같은 간절함이 있었다. 중학생 시절부터 친구들과 산을 찾아다녔고 고등학생 시절에는 방학 때 장기간 여행을 떠나기도 했다. 여행길을 걷다 만난 노을은 눈물이 날 만큼 감동적이었고 해변에 앉아 바다를 바라보면 마치 엄마 품에 안긴 것 같은 편안함을 느낄 수 있었다. 고3 여름방학에는 학력고사 준비로 여행을 갈 수 없었다. 그때는 너무나 답답한 마음에 학교 운동장 언덕 아래로 지나가는 경부선 열차를 멍하니 바라보고 있을 때가 많았다. 열차를 바라보며 당장에라도 가출하여 여행을 가고 싶었지만, 집과 학교에 문제가 심각해질 수 있어 참았다. 그리고 대학에만 입학하면 여행을 마음껏 다닐 거라며 나를 달랬다. 대학 입학 후에는 여행을 많이 다녔다. 어머니가 나의 역마살 때문에 무당을 찾아가 부적을 사올 정도로 여행을 다녔다. 나는 바다에 중독되어 있었고 산과 계곡에 병적으로 집착했다.

결혼 후에도 방랑벽이 있는 나의 생활은 계속되었다. 잦은 여행을 아내와 아이들은 모두 따라다니며 고생했지만 나는 즐거웠다. 첫 아이가 중학교 1학년이던 어느 날 여행만 다니던 내 모습이 한심했는지 어머니께서 자식 교육에 신경을 좀 쓰라고 나를 혼냈다. 다른 모든 아이들이 학원에 다니며 공부를 열심히 하는데 당신의 손자는 아빠 따라 여행만 다니는 게 안타까워 보였나 보다. 어머니는 학원비를 모두 내줄테니 제발 아이를 학원에 보내라 부탁했고 아내와 어머니의 성화에 못 이겨 아이를 대치동에 있는 유명한 학원에 보내게 되었다. 그런데 그 학원이라는 게 내 예상과는 다르게 금요일이나 주말에도 가야될 일이 많았다. 나의 천석고황의 병은 깊어졌고 4개월 만에 아이의 학원생활은 끝이 났다. 현재 고등학교 2학년인 아들은 못난 아빠 때문에 지금도 학원은 못 다니고 있다. 아들은 평생 동안 4개월 학원에 다녔는데 주위에 친구들은 동물원에 원숭이를 보듯이 자기를 신기해한다고 말한다.

얼마 전에 끝난 고2 2학기 중간고사를 망친 후 아들은 나에게 많이 혼났다. 성적이 나빠 혼나기보다는 내 여행을 방해한 것 때문에 혼났다. 중간고사 준비에 한 달 동안 여행을 못 가고 참았는데 성적은 여행 다닐 때보다 더 안 좋았다. 이럴 거면 여행 가도 될 걸 너 때문에 여행도 못 갔다며 철없는 아빠에게 혼이 난 아들은 이제 다시는 공부 때문에 아빠 여행을 방해하지 않겠다고 맹세했다. 그날 내가 아들을 혼낸 만큼 나도 아내에게 혼났다.

내년이면 아들은 고3이 된다. 아이가 좋은 대학에 못 갈까 걱정되기보다는 혹시 1년 동안 나의 여행이 방해받지 않을까 걱정된다.

나의 천석고황(泉石膏肓), 연하고질(煙霞痼疾)의 병은 해가 갈수록 깊어진다.

조재범 **천석고황**(泉石膏肓), **연하고질**(煙霞痼疾)

의사와 글쓰기

초등학생 시절 나는 공책에 글씨 쓰는 것을 무척 싫어하던 아이였다. 글씨를 워낙 못 쓰기 때문이기도 하지만 글쓰기 자체를 무척 어렵게 생각했었다. 선생님께서 칠판에 적어주신 내용을 필기하지 않아 여러 번 혼나기도 했었다. 연필 깎는 것도 귀찮아 초등학교 5학년 때부터는 필통에 볼펜만 넣어가지고 다녔다. 다른 아이들이 연필로 열심히 공책에 무언가를 적을 때 나는 볼펜을 쥔 채 무엇을 적을까 고민하고 있었다.

중고생시절에도 글 쓰는 재주는 없었다. 교내 백일장이 열릴 때 가장 관심 갖던 내용은 글짓기의 주제나 시상내역 보다는 꼭 써야 할 원고지 분량이었다. 선생님께 의무적으로 써야 할 원고지 분량을 질문 한 다음 원래 써야할 분량에서 원고지 한두 장 정도 적게 마무리한 후 남는 시간은 친구들과 운동장에서 뛰어놀았다. 한두 장 적게 써낸다고 해서 혼내지는 않겠지 하는 약은 생각을 한 후 좀 더 편하고 쉬운 쪽으로 판단한 결과였다. 나는 책상에 앉아 글 쓰는 것보다는 친구들과 운동장에서 뛰어노는 것이 어울리는 아이였다. 그런데 의사가 된 후부터는 글을 써야만 하는 일이 생긴다. 글쓰기 수준이야 학창시절 이후 전혀 발전이 없지만 그래도 그런 수준의 나의 잡글도 원하는 곳이 생긴다. 아마도 내가 의사란 직업을 갖고 있기 때문이 아닐까 생각해본다.

의사가 된 후 처음 글을 쓴 곳은 나의 직장신문인 성애병원 신문이었다. 입사 후 성애병원 신문 편집부 일을 도와달라고 해서 아무 생각 없이 편집부 일을 했다. 그렇다고 편집부 일이 그리 대단한 일은 아니고 그저 신문 만드는 곳에 글을 전달해 주는 과정 정도였다. 직장 신문들이 대부분 그렇지만 성애병원 신문도 지면을 채울 글들이 항상 부족했다. 그래서 어쩔 수 없이 편집부인 나도 글을 쓰게 되었다. 주로 내가 좋아하던 그림과 여행에 관한 글이었다. 그 후 또 의협신문에서도 글 연재를 부탁해와 5개월 정도 여행에 관한 글을 연재했었다. 더 이상 글 쓸 일이 없겠지 라고 생각했을 때 의사수필동호회인 박달회에 한광수 원장님의 추천으로 가입하게 되어 1년에 한 번 수필집이 나오게 되었다.

해마다 수필집이 나오는데 나는 늘 원고 마감 날짜가 지난 후 글쓰기를 시작한다. 아직까지 글쓰기는 익숙하지 못한 어려운 숙제이다. 해마다 내년에는 미리 글을 써야지 다짐하지만 올해도 이렇게 마감일이 지난 후 벼락치기로 글을 쓰고 있다.

이 모든 글쓰기의 원인은 내가 의사이기 때문이다. 고등학교 시절 이과를 선택하고 의대를 다닐 때는 문과 쪽 일인 글쓰기와 나는 아무 상관이 없을 거라 생각했다. 그러나 의사가 된 후, 글쓰기는 무관심하게 무시할 수 있는 그런 분야가 아니었다. 사람의 몸을 고치는 의사에게 사람의 정신세계인 인문학도 무시할 수 없는 중요한 분야라고 나 자신에게 거창하게 위로해보지만, 아직 글쓰기는 어색하다. 이렇게 어색한 글을 읽는 사람은 얼마나 난감할지 생각하면 미안한 마음에 좀 더 글을 잘 쓰고 싶지만, 그것도 쉽지 않다. 글쓰기 실력이 하루아침에 느는 것도 아닌데 좋은 글에 대한 부담에 마음만 무거워진다. 그래서 지금은 그냥 편하게 쓰려한다. 새로운 글을 창작한다기보다는 단지 나의 짧은 생각들을 정리하고 그 정리된 생각들을 공유한다는데 의미를 두려한다. 글을 읽는 분들에게는 죄송하지만 유치한 글들을 너그러운 마음으로 읽어달라고 부탁하고 싶어진다.

조재범 의사와 글쓰기

메밀의 맛

3년 동안의 군 생활 첫해를 강화 앞바다에 있는 교동도라는 섬에서 지냈다. 8주간의 장교 훈련 후 성적에 따라 보건지소에 배치받게 되는데 결혼한 기혼자에게는 추가 점수가 있어 배치에 좀 더 유리했다. 훈련 전에 결혼 한 나도 추가 점수를 받을 수 있었기에 설마 섬으로 가게 될지는 전혀 예상 못 했다.

어느 날 훈련 후 부대로 돌아오는 길에 나는 너무 목이 말라 슈퍼에 들어가 음료수를 마시고 조금 쉬다가 들어왔다. 당시 훈육관은 내게 탈영이라며 벌점을 주었고, 나는 슈퍼에 간 게 왜 탈영이냐며 항의했다. 그 후 부대 내 여러 사건에서도 나를 주동자로 의심하여 훈련 점수가 매우 나빴다. 아마도 훈육관들은 나를 문제 훈련병으로 보았고 그래서 추가 점수가 있었는데도 나는 섬으로 배치받게 된 것 같다. 그것도 보통 섬이 아닌 남한보다 북한이 더 가까운 민통선 안의 섬으로 가게 되었다.

자포자기의 심정으로 섬 보건지소에서 생활을 시작했지만, 주변의 자연환경과 친절한 주민들은 군 생활 첫해를 행복한 추억으로 가득 채워주었다. 나보다 나이가 어린 치과 선생님도 같이 근무하고 있었는데 미혼이라 결혼 적령기의 딸을 둔 이장님들의 인기를 독차

지했다. 이장님들은 치과 선생을 집으로 데려가 말 그대로 상다리가 휘어지도록 음식을 차려 대접했다. 치과 선생 덕분에 나도 호사를 누릴 수 있었다.

날씨가 추운 11월 어느 날 한 이장님은 냉면 맛을 보여준다며 우리를 초대했다. 이렇게 추운 날에도 냉면을 먹느냐며 치과 선생과 나는 의아해했지만 거절할 수 없어 우리는 이장님 댁으로 갔다. 메밀 냉면과 백김치만 차려져 있는 교동에 와서 가장 단출한 밥상을 대접받았고 찰기가 없는 메밀로 만든 국수는 거친 맛이었다.

교동도는 강화보다 황해도 연백이 더 가까운 곳이었는데 연백이 고향인 분들이 전쟁 시 피난 와 많이 정착하여 살고 있었다. 이장님은 북한에서 냉면은 겨울 음식이라고 알려주었다. 추운 겨울에 아궁이에 불을 땐 후 따뜻한 방에서 먹는 시원한 냉면이 얼마나 맛있는지 강조하셨다. 그러나 당시에는 거친 메밀 냉면의 맛이 익숙하지 않았다.

군 생활이 끝난 후 아내와 동해안 여행 후 돌아오는 길에 홍천에서 길가 허름한 막국수 집에 저녁을 먹으러 들어갔다. 70대 할머니와 할아버님이 음식을 차려주셨는데 그때의 메밀 맛이 교동에서 먹던 메밀 맛과 비슷했다. 거친 메밀이 목구멍에 넘어가는 느낌에 교동에서 이장님이 맛보여준 메밀냉면이 떠올랐다. 배가 고파 급하게 먹는 나에게 할머니와 할아버지는 메밀 삶은 따뜻한 물을 주며 마시면서 먹으라고 했고, 잘 먹는다며 메밀국수를 더 갖고 오셨다. 할머니와 할아버지에게 식당일이 힘드시겠다고 말씀드렸더니 도로가 새로 나면 이제 하고 싶어도 더 식당을 못한다고 말씀하셨다. 그 식당의 메밀 맛도 특이했지만 맛있다는 생각이 들지는 않았다.

세월이 흐른 후 홍천을 지날 때면 할아버지, 할머니가 일하시던 식당이 생각나고 왠지 모르게 맛있지 않던 메밀의 맛이 떠올랐다. 혹시 몰라 식당 주변을 찾아도 도로가 새로 나면서 식당도 없어져 찾을 수가 없었다. 먹을 당시에는 몰랐는데 시간이 흐른 후 그 거친 메밀국수가 너무 먹고 싶었다. 마치 메밀에 중독된 사람 같았다.

얼마 전 산부인과 과장님과 점심을 먹으며 얘기하는데 과장님은 자신이 평양냉면 마니아라며 평양냉면으로 유명한 식당이 있으니 같이 가자고 하였다. 며칠 후 마포에 있는 을밀대라는 평양냉면 식당에 갔고 그 식당에서 예전에 맛보았던 메밀의 맛과 비슷하다는 느낌을 받았다. 마니아답게 산부인과 과장님은 메밀의 맛에 대해 여러 가지 얘기를 하셨다. 메밀의 맛은 목 넘김의 맛이라 하였는데 그 맛은 나도 느꼈던 맛이었다. 거친 메밀이 꾸역꾸역 목에서 넘어갈 때의 맛은 다른 음식에서는 찾을 수 없었다. 그 맛이 중독될 정도로 그렇게 맛있는 것인 줄 예전에는 몰랐다. 메밀 냉면은 평양과 진주 지방의 맛이 유명한데 평양과 진주는 기생도 유명하다며 기생과 냉면이 밀접한 관계가 있을 거라는 산부인과 과장님의 긴 설명을 들으며 메밀냉면을 배가 터지도록 먹었다. 그리고 언제 기회가 되면 같이 진주에 가서 진주냉면을 맛보자고 약속했다.

메밀에 중독된 지금은 교동 이장님 냉면과 홍천 노부부의 식당을 떠올리며 그때는 왜 이렇게 맛있는 메밀의 맛을 몰랐을까 안타까운 마음이 든다.

올여름 강원도 여행에서 하루에 두 끼는 꼭 메밀국수를 먹었다. 유명하다는 메밀국수 집을 돌아다니며 맛을 찾았지만, 예전에 느꼈던 이장님 댁 메밀 냉면과 홍천 노부부 식당의 메밀 막국수 맛은 찾을 수 없었다. 여행 마지막 날 돌아오는 길에 지금까지 참고 있던 아이들이 이제 더 이상 메밀국수는 싫다며 나에게 항의했다. 그러나 돌아오는 길에 마지막 저녁도 나는 메밀냉면 식당에 들어갔다. 먹는 내내 나에게 항의하는 아이들과 아내의 얘기를 귀가 따갑게 들으며 나는 말없이 메밀을 목으로 넘기고 있었다. 그리고 아무도 못 듣게 작은 목소리로 혼자 중얼거렸다.

"니들이 메밀 맛을 알아?"

고통, 네 덕에 산다.
널 위로하며 눈 감으리
「뇌 세탁기」, 예상 그대로

108 · 109

정동철

· 아호: 海岩, 서울 1935생

〈학력〉

· 서울대학교 의과대학 졸업(1960)
· 미국 트리플러 육군종합병원 정신과 수학(1963)
· 신경정신과 전문의취득(1967)
· 서울대학교 대학원 박사과정수료(의학박사, 1972)

〈경력〉(전)

서울의대 외래교수/ 대한 신경정신의학회 이사/ 한국임상 성 학회 창립 회장/ 여성의 전화 창립위원/ 서울YMCA 청소년상담실 자문위원장/ 한국성폭력상담소 이사/ 서울의대 신경정신과 동문회장/ 한국성학회 고문 / 서울여자대학교 대학원 겸임교수/ 정동철 신경정신과 의원장

〈현재〉

해암 병원(海岩 病院) 주한일본대사관 인터넷판; 정신건겅의학과 의료기관으로 공지(일본인을 위한)

〈주요논문(종설 포함)〉

정신분열증 빙의(憑疑)환자에 대한 정신의학적 연구(박사학위 논문) / 정신분열증 범법자에 대한 Rorschach 반응에 화간 연구 / 정신성적 성기능(性機能)장애에 대한 임상보고 / 성교육을 위한 후기학동의 성 실태조사 / 대도시 청소년의 성폭력실태 조사 / 독신여성의 성 태도에 관한 조사연구 / 발기부전증 환자의 Testosterone과 Prolactin치에 대한 연구 / 미술작품구상에 나타난 성적 상사의 성치료응용 / 한국에서의 성치료와 그 문제점 / 한국인의 성의식과 미신(迷信) / 살인 58예에 대한 정신의학적 고찰, 등 다수

〈저서〉

정동철의 사람보기/ 여성의 정신건강/ 사랑과 성, 그리고 갈등/ 삶의 디딤돌(기죽지않고 사는 49가지 방법)/ 먹통과 첼로(속 궁합이 좋아야 집안이 평안하다)/ 어떻게 할까요?(콘돔이 뭐예요?)/ 성과 성교육/ 가르쳐주세요/ 섹스 닷 한국: 바람난 솜사탕/ 아름다운 터치(번역)/ 불면증 완치법/ 현대한국수상록(공저)/ 돈 그리고 지혜(공저)/ 여성과 성(공저)/ 박달회 수필집(공저)/좋은 부모를 꿈꾸는 젊은이에게(공저) 등 다수.

· **병원주소** **경기도 고양시 덕양구 행신동 1078 행신플라자빌딩**
· Tel 병원 031-979-7572 FAX 031-978-7572
· Email cdc35@hanafos.com
· Website: www.haeam.co.kr & www.braintech.kr

고통, 네 덕에 산다.

특별한 외박.

환자와 의사와의 경계가 없는 면담, 대부분의 경우처럼 그랬다.

"건강하시죠? 토요일 쉬시지... 나오셨네요.... 우리야 좋지만 건강하셔야죠....... 욕심만 챙기자면 박사님 뵙는 게 좋지만......."

병원으로 오는 두 시간 남짓 지하철 내내 마치 해질 무렵 볏짚토담에 농무(農霧)가 스며든 사랑방얘기들 마냥 역구내를 지나칠 때마다 뿌옇게 부풀기만 한다.

"전화 안 했어요. 지들도 바쁠 테고 생각들 안 하겠어요.... 알죠. 요즘 경기 워낙 나빠 얼마나 힘들겠어요. 거기다 데고 뭐라 얘기하면 지들인들 마음 편하겠어요... 가만히 있는 게 도리죠. 애비라고 뭐 보태 준 것도 없는 데.... 손주들, 그놈들이야 보고 싶지만... 참아야죠...."

추석이 다가온다. 금년은 일요일이라 아버지 생각해서 미리 전화라도 넣음직 하련만 그의 손들은 연락이 없다.

밴쿠버의 손녀들이 어른거린다. 유 튜브의 살아있는 첼로, 화가(畵家) 빰치는 그림들...., 허전하다. 아내에게 전화가 왔다하니 더욱 보고 싶어진다.

경우가 늘 밝은 이발사, 병실에서 언제나 본이 되던 환자의 구수한 아랫목 얘기가 계속 이어진다.

"....... 어머니 살아계실 때 늘 하시던 말씀 생각나네요. 문지방 드는 사람 없으면 그 집 이미 기운 거라며 인심이 막힌 형세라 언제나 사람 귀한 줄 알아야 한다 하셨죠. 박사님 말씀 해주신 대로 그래선지 자식들 착해요....."

소식 없어도 착하게 느껴지기만 하는 자식들, 아버지의 마음이다.

퀘벡 오케스트라 캠프에 어린 나이로 선발되어 세계 곳곳 연주자들과 얼굴을 익히고 돌아온 큰 손녀, 화분의 늦자라는 꽃 답답한지 그 꽃을 왼손에 뽑아 들고 대신 자신의 왼발을 바른 발 가로질러 꼿꼿하게 상징적 색감을 강조하며 화분에 심어놓은 그림, 짧은 치마 바다무늬에서 물방울들이 하늘을 향해 꽃과 더불어 피어오르는 비대칭적 오방색의 아름다운 소녀, 둘째가 그린 그림과 함께 모두 한꺼번에 몰려든다. 뒤미처 스페인 첼로 캠프에 선발됐다는 역시 둘째 소식에 마음 덜컹거리며 달리는 차체소리처럼 흔들린다. 그들의 아빠, 아들의 심정 또한 윙윙거린다. 이발사 환자의 아들과는 어떤 차이가 있을까?

"아주 좋아들 해요. 제가 언제 이렇게 종이항아리를 만들어 주겠어요. 뿐인가요, 글이라고 생전 써 봤나요? 정성들여 만들고 쓰고..... 박사님 책을 또박또박 필사하게 된 것 참 감사하죠. 게다가 강의시간의 말씀들 구석구석 잊지 못합니다. 사람 무엇으로 살아야 하는 지 가득해 환자들과 의견 말하곤 하는 구만요...... 고마워요 박사님......... 저도 언젠가는 세상 떠날 테죠. 그때 우리 할아버지 이런 할아버지였다고 자랑할 것을 생각하게 됩니다. 생각만 해도 뿌듯하죠. 감사드릴 따름입니다...."

차창에 손녀들의 모습과 그림들이 화면처럼 반사되는 가운데 지난번 다녀가며 남긴 쪽찌 "할아버지 사랑해요"가 다가선다. 능숙한 영어들이지만 경쟁력은 그것이 아니라 국문과수준의 한국어가 오히려 더 중시될 거라는 점을 강조하고 있는 마음이 머무는 사이에 환갑을 지낸 건강하고 정 넘치는 이발사의 미소, 스틸처럼 그러나 좀처럼 지나치지 않고 고정된다.

"저 대접받고 살았어요. 술만 아니었다면 지금도 대접받고 살 겁니다. 이발봉사로 돈 받지 않아 술 한 잔 권하는 손들 피할 수 없어 그만 팔푼이 된 셈이죠..... 솔직히 그게 팔푼이 아니겠어요? 비로소 알게 됐구만요. 후회 크지만 이나마 다행이라 여깁니다. 앞으로 시골의 폐가(廢家)를 찾아 손재주를 살려 죽은 고목 모아 손질하고 푸성귀 키워 딸 며느리들에 주면서 그렇게 오가며 살려고 해요. 술이야 박사님 말씀대로 이제 또 마시겠어요? 아들딸 체면에다 더 팔푼이 되어 구정물 부을 일 있겠어요......"

지난달 세 모녀 아내와 두 딸들이 밴쿠버 며느리와 손녀들을 만나 온통 여자들만 여섯이 하하호호 다녀와 하는 말에 입가의 미소가 살짝 열린다.

- 너무 좋아서, C자-시집, 글을 쓰려고 생각했다가 막상 시중의 C자 얘기와 너무 달라 볼 사람들 혹시 아부한다는 오해 쑥스러워 당장은 못쓰겠더라는 전화 전해 듣고 한참 웃었다는 아내와 딸들의 얘기 울컥 지하철이 촛불시위처럼 꿀꺽거린다. 뭘 해주어야 할까? -

"지난번 외박할 때 술병을 옆에 두고 사촌동생이 권 하더라고요. 속내를 알았지만 웃고 말았죠. 실제 술 생각 아예 없기도 했었으니까... 말씀하셨잖아요. 누가 뭐라던 자신과의 약속은 스스로 지킬 일이란 것....., 아니면 나이 들어 팔푼이 취급 멎지 않을 거라 조용히 웃기만 했죠. 늘 말씀드렸지만 그보단 사남매 우애 있게 사는 것 소원이고 실제 너무 좋더라고요. 아주 잘들 지내요. 이번 추석 외박가면 궁리중인데 더도 덜도 며칠 웃다가 오렵니다. 자식들 뭔가 준비하는 듯해요.... 앞으로-감히 그렇지만, 박사님 의사(醫師)부자(父子) 처럼 본 삼아 원하는 대로 살아가는 게 바람이구만요."

면담(面談) 테이블 넘어 그의 이마에 눈부시게 쏟아지는 햇빛 가려주니 웃는 모습 바로 전철 노인석(老人席) 건너편 코앞이다.

화정역, 무거운 발자국 숨차 보폭을 줄인다.

지난 금요일 점심때 아들의 말이 재생된다.

"불효자식이 됐어요. 후한 대접 받으시며 편히 계시던 아버지를 모셔다 고생만 시켜드린 결과가 됐으니 죄송할 따름 마음이 안 좋아요......"

예외적으로 진료과장과 함께 한 낮 외식, 같은 정신과의사라 의사만이 갖는 마음의 고통 일종의 번뇌(煩惱)를 대변하고 있는 셈이다.

"내가 좋아서, 아니 소원이라 선택한 건데 그런 생각 갖지 말거라. 의사가 겪는 고통 당연한 거 아니겠니, 하느라고 최선을 다 했으니...... 물론 아쉽지. 그랬으면 이랬으면....... 그런 것 아니겠어...."

우린 떠나는 길을 막지 못했다.

그 이발사는 명을 달리하게 된 것이다. 괴롭긴 아들이나 나나

마찬가지다. 내용이 입장 따라 좀 다를 뿐-주치의가 나였기에, 같은 것이 환자의 죽음 앞에 겪어야 할 두 의사의 번민(煩悶), 그것은 고통이다. 아주 큰 고통.

"과연 내가 아들과 함께 정신병원을 같이 할 수 있을까? 돌이켜 보면 불가능하리라 여겼는데 오래 살다보니 이렇게 되어 흐뭇하지...., 진료과장 먼 훗날 나 같은 경우가 되면 좋을 것 같지 않을까?"

분위기를 돌리고 싶은 나의 심정에 진료과장 장단을 넣는다.

"....기쁘시죠! 어제 일 저도 그래요. 제가 더 챙겼어야 했는데..... 심장마비, 의사의 한계 아니겠어요. 우리나 종합병원 응급실에서 다 각적 노력과 심폐소생술을 포함 모두 하느라 했지만 불가항력인 걸....."

비교적 건강하던 이발사 양반이 세상을 떠나게 되던 아침 6시경, 심장발작 그후 3시간 남짓 사이의 응급조치들, 촌각을 다투던 때와는 달리 늘어지는 마을버스로 옮겨 타는 입구, 숨이 아들의 재생된 말과 함께 턱에 걸린다. 다리가 조금 흔들린다.

가는 길 막을 수 있는 의사가 왜 되지 못했을까?

-잘 다녀왔구만요. 곧 폐가를 마련하게 되지 싶네요. 참으로 고맙습니다.-

듣고 싶었던 이발사의 그 한마디, 상상뿐 이제 더는 들을 수 없이 끝난 불귀의 인생 그는 어디쯤 가고 있는 것일까?

사십년 만에 겪는 환자와의 사별 생각 모두가 멎는다. 그것으로 그치는 것이 아니다. 왜, 왜, 왜가 대신 틈만 나면 몰아치고 또 되 돌아친다.

예외 없이 아침 7시전에 아들과 함께 출근, 직원들의 출근 전 회진-정식 회진이 아니라 눈 여겨 보아야 할 환자들을 중심으로 전체 분위기 파악을 위한,으로 시작 저녁 6시가 넘어서야 퇴근하는 생활 적어도 12시간을 환자들과 가족처럼 지낸다. 내가 병원에 입원한 환자? 의사가 아니라 외박에서 귀원하는 환자 같은 느낌이다. 주말부부가 아니라 일종의 주말외박이 바로 나의 현주소 같다.

이발사가 떠난 목요일 아침.

아픈 마음 끌어안고 떠나가려는 그의 두 아들을 불렀다. 유품을 챙기며 아예 주치의 나를 만나지 않고 가려던 참이다. 두 아들들의 심정을 헤아리며 그들 아버지의 삶을 일러주고 싶었기에 부른다.

"..... 의사(醫師)가 아프다는 것은 지금 사치겠죠..... 얼마나 마음 괴롭고 안타깝겠어요. ..... 평소 아버님 늘 하시던 말씀, 워낙 경우가 밝으신 아버님께서 이런 말씀 자주하셨기에 전하려고요.. 여기선 우리 모두가 가족 같았죠."

"................."

"..... 살아생전 할아버지는 이런 할아버지였다라고 손자들에게 보여주고 싶어 했었죠. 열심히 필사하시던 노트, 있죠? 특히 사남매의 돈독한 우애 유독 강조하고 또 하시며 그이상의 바람은 없다고 하셨죠. 꼭 전해 드립니다..... 아버님의 뜻이죠. 좋은 앞날이 되어주길 바랍니다...... 혹 묻고 싶은 의문? 알고 싶은 것 있으면.....?"

"......없습니다. 늘 말씀 듣고 있었습니다. 외박하실 때마다 자주 하셨죠. 훌륭한 박사님이라고... 수고 많으셨죠? 감사드립니다."

종합병원 영안실에서 장례절차를 대전으로 정해 준비했노라며 인사를 했다.

불과 너덧 시간 만의 일, 조용히 떠나가는 모습에 무겁고 허탈함 비집고 스며드는 물기를 삼킨다.

어디쯤 가고 계실까? 대전으로 가는 길 어디쯤이 아니라 우주 속 어디를 향해 가고 있을지.......

「특별한 외박」, 아니 모질고 허기(虛氣)로 가득 찬 인간사회로부터의 「영원한 외박」 그러나 연유한 번민(煩悶)이 던져졌기에 살게 되는 것이 바로 나의 인생?

「고통(苦痛), 네 덕에 산다.」

널 위로하며 눈 감으리

녹음을 하고 또 하고 그리고 또 한다.

어느 하루 한 시간의 일이 아니라 두고두고 떠오를 때마다 하게 된 녹음, 결국 그 의미는 처음부터 분명했지만 미처 알지 못했다.

서울의대 허대석 박사(서울대 종양내과 센터장, 중앙일보 2012.03.03)가 말기 암으로 떠나야 하는 숱한 사람들 가운데 그의 사촌형에 대한 얘기, 남은 시간이 불과 1~2주밖에 없음을 알려 주자 모든 치료를 스스로 중단하고 작별을 고할 친지들과 전화를 하며 딸에게 바라는 소망을 물었단다.

"아빠, 아빠가 술 한잔하시고 골목길 들어서서 부르던 그 노래, 그 소리가 듣고 싶어요……."

쾌히 받아들여 녹음기를 부탁해 노래를 불렀다. 정경이 연상되니 물기가 눈 앞을 가린다. 그는 그 짧은 시간으로 몇 년의 값에 해당한 몫을 한 셈이다.

나는 병이 없다.

정확히 말하면 없다가 아니라 있으나 비켜선다. 죽음은 당장 가까이 있지 않다. 그러나 그날이 오리라는 것은 먼 훗날이 아닐 것이라 이미 준비한 지 오래다.

그래서였던가 보다. 녹음을 하고 또 하고 하게 되었다. 아내와 손녀들, 그리고 가깝게 잊지 못할 이런저런 사람들을 생각하며…….

네가 만일 괴로울 때면 내가 위로 해 줄게,
네가 만일 서러울 때면 내가 너의 눈물이 되리

그러나
내가 외롭고 힘들 때엔 누가 날 위로해주지?
바로 너! 여러분?

나는 너의 영원한 친구야~아,
나는 나는 나는 너의 기쁨이리. 여러분!

침대에서 좌변기에서 그리고 소파에서 새해에 들어 하고 또 했던 생각들, 울컥 반복되는 음치가 미묘하고 어눌한 화음 속에 녹아든다.

의사,
아픈 환부를 치료하는 것이 아니라 '아픈 사람'을 치료해야 한다는 확실한 소신. 그것이 반복되고 되어왔던 삶. 나는 진정 무엇을 하고 싶었을까? 과연 무엇을 하고 싶었던 거지? 이제 나는 무엇부터 해야 할 것인가? 정신과적 상담은 결코 거절하지 않을 것이다. 기꺼이 들을 것이다. 거의 같은 수준에 해당될 것 그런 것들이 보인다.

널려있는 지난날의 글들을 모아 단행본으로 출간이 가능한 형태로 정리해 두고 싶다. 거의 매주 환자들을 위해 정성들였던 짧고 진한 강연들 〈정신병동의 노래〉란 폴더에 어지럽게 요약된 글들 역시 마음에 들만큼 또박또박 정리하고 싶다. 어쩌면 그보다 중요한 것은 마지막 저서 붕괴되는 기존의 사회적 틀에서 살아남기 위한 인간의 의미, 「웬 인간인가?」 그것이 마음에 미완의 자기(瓷器)처럼 남아 있다.

이종(異種)동물과 무엇이 어떻게 왜 다른지 차별성을 정리하고 싶다. 그것이 단행본으로 출간될 때 정신건강의학과적 치료에 새로운 개념이 반영되어 보다 보람되고 즐거운 삶을 이어가는데 적으나마 보탬이 됐으면 해서다. 그것은 기존의 정신(분석)치료 이론들이 아니다. 뇌라는 물질 속에 정교하게 작동하고 있는 원자(原子)덩어리의 정신활동, 즉 이해와 소통을 밝히게 될 정체를 단행본으로 출간하고 싶다는 뜻이다.

답지 않게 왜지? 거창하게…….

처음 있는 일이다. 국기를 의도적으로 달지 않았다.

그것으로 대한민국 국민이기를 포기함이 인정되리라 믿지는 않는다. 다만 유치원생과 다름없는 국민이 되어가고 있는 시국이 나에게 요구되는 현실이라 그렇다. 난마처럼 얽히고설킨 지리멸렬한 가치체계에서 혼자 달아야 하는 국기가 무의미하다는 삐침, 그것은 인간의 뇌가 어떻게 작동하고 있기에 그렇게 됨인지를 알고 싶은 것으로 연결될 것이다.

「왜 인간인가?」

나는 위로받고 싶은 것이 아니다.

결코 인정받고 싶은 것도 아니다.

원래 유전적으로 갖고 태어난 뇌(腦)의 기능을 무시하고 가공되지 않은 욕심을 위해 엉망진창 멋대로 세상을 왜곡 선동하려는 혼돈스러운 인간들을 향해 바로 이것이 본시 인간의 뇌(腦)였었다는 사실을 알려주고 싶은 희망, 그것이 바라는 희망 전부다.

나는 너 여러분을 위로하며 조용히 눈을 감고 싶을 뿐이다.

「뇌 세탁기」, 예상 그대로

21세기 뇌 과학의 발전은 100m경주 주자들처럼 새롭게 화려한 기록갱신을 위해 있는 것처럼 보인다.

작년 가을이다.

소파에 살포시 잠든 아내 눈뜰까 부엌으로 조심스럽게 드나들다 돌아가는 세탁기를 보며 연상했던 「뇌 세탁기」[1], 세상은 웬 지 갈수록 생경스럽다.

사실(fact) 자체는 원래 하나일 것이다. 멋대로 뚝딱 의미를 바꿔 진위(眞僞)를 뒤죽박죽 주객이 전도 되게 하는 것이 현실이 됐다. 모두가 역사철학자이고 나만 홀로 외계인이 된 세상인 듯하다. 예상대로 「뇌 세탁기」와 유사한 기계가 나왔다. 반가운 일이 아닐 수 없다. 적어도 나에겐 그렇다. 오류에 의해 찌든 혼돈이 세탁될 수 있을 거라 기대되기 때문이다.

슈퍼컴퓨터 세계 15위를 자처하고 있는 한국정보기술연구원의 의한 결과는 아니다. 최근 SNS친족 일부가 〈현대적 세계관〉[2]에서 진보란

---

1) 정동철의 '뇌 세탁기'. 의사동인 박달회수필 제38집 「은하수를 끌어 오다」에 실린 수필.

2) 소르본 대학의 Jacques Turgo교수가 1750년 라틴어로 강의를 통해 세계사에 최초로 '진보'라는 중요한 사상을 창시했다.(Frank Namuel) "역사는 직선으로 진행하는 것이며, 각 단계는 앞선 단계보다 진보된 모습을 보여준다. 역사는 축적의 산물임과 동시에 진보라는 것이다." 바로 이전의 그리스, 기독교적 세계관으로부터의 차별성이 일게 된 계기가 되었다.

단어를 임의적으로 끌어와 〈기계론적 세계관〉[3]의 주인임을 자처한다. 막상 스스로 테크놀로지(컴퓨터, 스마트폰, 초고속 연결망 등)에 의해 일상을 조정당하면서 가령 ‘무(無)폰의 공포’ 같은 것은 물론, 소통을 만끽 한다고 외친다. ‘더 빠르고 더 다양하고 더 개인적이고 더 인간 친화성’을 목표로 IBM은 2016년까지 뇌 속에 칩을 이식하여 마인드 컨트롤을 통해 원하는 서비스가 가능한 기술을 선보이겠다하니 ‘감성 폰(Empathy Phone)’에 이르면 ‘5감 폰’에 이어 소통은 극에 달할 것이라 예상하고 있다. 그러나 개인적이고 친화적이란 것과 정감이 묻어나는 소통은 별개의 문제다. 기본적으로 더 갖고 싶은 안달로 기왕에 지닌 것은 조금도 뺏기지 않겠다고 노동자편에서 대표성을 뽐내는 일부 교수들 더 갖고 싶은 것이 한(恨)이 되어 왜곡된 인본주의와 민주화만 외치며 소란스럽다. 결국 〈현대인의 소외〉[4]와 〈외로워지는 사람들 Alone Together〉[5]로부터 자유롭지 못하다 보니 막말도 마다하지 않는다. 정체가 너무 낯설다. 청년은 철없어 그렇다 치고 지식인을 강조하는 일부교수들은 사르트르가 명쾌하게 명명(命名)한 ’회색주의자‘ 바로 그런 까닭에 그렇겠지만, 아바타의 가면 뒤에 숨고 있음이 처량하다. 기계의 노예가 된 철부지들의 억지란 점에서 차이가 없고 중세 페스트의 전염경로 이상으로 알고 있어야 할 자신의 정체성이 빠르게 죽어 감을 본다. 숨이 막힌다. 인터넷 바이러스로 삶의 진정성이 치유되고 있을까? 단순히

3) 베이콘, 데카르트, 뉴톤이 주도한 합작품-의도적으로 모여서 만든 것은 아니지만, 이라 할 것이다. 기계적 발전에 의해 현대적 세계관을 증명하려 하고 있다.

4) 프리츠 파펜하임의 저서로 Gemeinshaft, Geseleshaft로 현대인의 소외를 설명하고 있다.

5) Shery Turkle 저 Alone Togetther, 청림출판 2012년 번역.

애국심으로 포장된 위선적 현상에 박수와 환호만 요란하다. 말 그대로 「융합」과「혁신」이란 '열쇠 말(Key Word)' 이 마치 신조어(新造語)의 창시자라도 된 듯 그렇게 말이다.

열역학(熱力學)은 주장하고 있다.

〈우주의 에너지 총량은 일정하며(제1법직), 엔트로피[6] 총량은 지속적으로 증가한다(제2법칙).〉 기계론적 세계관을 뒤엎는 팩트(fact)다. 물질과 에너지의 변화는 결코 돌아올 수 없는 쇠락(衰落)의 길로, 그 물질과 에너지의 총체는 절대 파괴되지도 창조되지도 않는다는 제1법칙 따위는 그들 맹목적 뇌 어느 구석에서도 찾아볼 수 없는 카프카의 변신(벌레)처럼 무뇌(無腦)인간, 오디션에 열광하는 함성 같기만 하다. 트르퀑에 의해 현대적 세계관의 획을 긋게 한 18세기, 지속적으로 인용되기에 그의 말은 혼란스럽다.

-역사란 직선운동이다. 그것은 어제보다 나은 내일을 위한 진보만 있다.[7]-

그들의 존재를 부정할 의향은 없다. 그렇게 될 수도 되지도 않는다. 그들이 있기에 나 같이 추한 늙은이가 있으며 현자(賢者)가 아니라 우매(愚妹)함을 알게 돼서다. 우주를 독점하는 원소(元素)는 어느 하나의 소립자(素粒子)로 통일되어있지 않다는 점이 우주현상

---

6) 열역학의 법칙으로서 우주의 물질과 에너지는 일정한 방향으로 변하며 결코 창조될 수 있는 것이 아닌 것으로 설명되고 있다. Jeremy Rifkin: Entropy(1980)-이창희 역. 세종연구원. 서울. 2011.6.

7) 세종연구원에서 출간한 Jeremy Rifikin의 저서 '엔트로피'에 소개됨. 사실이라면 박정희독제가 민주화로 지노된 역사 역시 인정되어야 하나, 사실 자체가 없어져야 한다고 삭제를 원한다. 역설이다.

(인간사,人間事)의 정확한 이유다.

문제는 그 결과에 의해 고점(高點)을 향하는 엔트로피에 대한 대책이 치명적이란 데 있다. 사랑대신 머리끄덩이녀, 정(情)대신 비수 같은 차가운 미소들, 급기야 묻지 마 살인, 스스로 쓴 '생각'이 행적의 불일치와 나 같은 민초를 원생(유치원)으로 치부하는 어느 기업인, 일국의 대표자가 되겠다는 것이 안쓰럽게 다가오고 있다.[8] 일찍이 로렌츠가 예상한 사회적 현상 그대로가 너무 닮아 놀라울 정도다. 이데올로기의 허구성, 익명적 군중의 무자비성, 호전적 열광, 그리고 젊은이들의 맹목적 대상 고착 등이 그것이다.[9]

「뇌 세탁기」로 돌아와야겠다.

「뇌 과학」은 공포기억을 삭제할 수 있기에 이른다.[10] 1년 전 예상했던 결과가 2012년5월 제주도에서 열린 '뇌 과학 국제 컨퍼런스 2012'에서 발표된 것이다. 가령 무시무시한 성폭행에 이어 죽음직전에서 기사회생한 여인, 유사한 공포분위기가 연출될 때 자지러지는 그 끔찍스런 공포를 '아드레날린'에 의해 잊어질 수 있게 된다는 실험은 기발하다. 다양한 외상성증후군, 공황장애 등에서 그 후유증 모두가 삭제된다는 것은 정서적으로 평온한 삶을 보장할 것이기에

8) 멘토스에서 2012.8. 출간한 '한국민의 생각' 참조.

9) 노벨상을 받은 Konrad Lorenz의 저서 '공격에 관하여'(1971)에서 밝힌 예상한 사회현상 그대로임.

10) 네덜란드 암스트르담대학 메럴 킨트교수는 독거미에 물린 목덜미로 기어로는 소름끼치는 사진을 보여준 여성에게 같은 장면을 보여줄 때마다 공포가 아드레날린 억제제를 투여한 뒤 24시간 뒤 그 사진을 보여주니 깜짝 놀라는 반응이 없어졌다. 반복실험에서 삭제된다는 사실을 발표한 것이다.

획기적이다. 얼마나 다행한 일인가? 끔찍한 공포가 꿈같이 사라지게 된다니…….

그러나 예기치 못한 문제를 감수해야 할 가능성도 높아진다. 잊어선 안 될 자신의 과거사가 삭제된다는 것은 일종의 심리적 거세현상에 해당한다. 심각한 문제다. 잘못 지워졌다간 자신의 뿌리까지 잊혀진다는 것은 상상만 해도 소름이 인다. '불안, 네 덕에 산다'[11]라는 삶의 현장은 결코 우연한 인생살이가 아니다. 독재가 있었기에 민주주의의 소중함을 안다. 춥고 고팠기에 오늘의 따스함과 안락함의 의미를 이해한다. 밤이 있기에 낮의 환한 삶을 만끽하고 있는 것이다.

21세기에 들어와「뇌 과학」의 발전은 백 미터 경주 주자들처럼 새롭게 화려한 기록갱신을 위해 있는 것처럼 보일정도다.

fMRI,[12] BMI[13], BBI[14], 그리고 로봇과 생각이나 감각을 교류할 수 있음이 가능해지는 실험들이 현란하게 진행되고 있다. fftEEG[15] 에 의한 뇌의 지도mapping를 통한 BMI의 성공사례들은 병든 뇌기능 손상자의 부활을 예고한다. 의학적 분야만이 아니다. 생각만으로 기계를 움직이고 원거리 생각들도 알 수 있게 된다. 섹스로봇으로 귀찮은

---

11) 해암병원에서 환자치료에 필요한 '정신병동의 노래'란 교육프로그램에서 제시 된 제목 중의 하나.

12) functional Magnetic Resonance Image의 약자로 뇌 활동 시 혈액이 몰리는 것을 영상으로 확인 하여 정서적 또는 사고기능의 부위와 현상을 이해할 수 있다.

13) Brain Machine Interface의 약자. 뇌와 기계사이의 연결.

14) Brain Brain Interface의 약자로 뇌와 뇌사이의 교감을 위한 Interface를 말한다.

15) fast fluerance time ElectroEncephaloGram의 약자로 뇌기능을 색채를 이용 종적 진행과정을 이해할 수 있다.

배우자의 짜증을 피해 자족할 수 있는 현실은 '결혼을 왜 하나?' 로 이어지기도 한다.

「뇌 과학」과 테크놀로지의 발전. 그러나 대체 이렇게 가는 길은 어디까지 왜 무엇을 위한 것일까? 「진보적 발전」을 위한 것일까? 역사란 내일을 위한 진보만 있는 것일까? 과연 그럴까? 역사는 결국 인간이 쇠망의 길로 간다는 엔트로피를 무시할 수 있단 말인가? 아낙네가 빨래터대신 세탁기로 편해졌으나 그로해서 그들의 행복도가 보장된다는 것은 별개란 현실이 걸린다. 에너지의 소모, 가용성 에너지원인 물질이 불가용성 무질서로 바뀌어 재생될 수 없는 결과를 낳게 되기에 아낙의 땀으로 해결되었던 인간적 노동의 본성은 쾌락적 소모성으로 타락할 확률이 높아가고 있다. 독재자의 경제성장이 「민주화」와 「인권」을 통해 개개인의 권리와 표현의 자유가 오히려 마녀사냥이란 공포 속에 뭉개지고 있음처럼 그렇게 말이다. 과연 기계가 없는 부시맨은 불행할까? 아니다. 기계론에 따른 진보적 세계관만이 테크놀로지에 의한 현대인의 행복을 인증할 수 있는 유일한 열쇠가 확실하다는 보장은 없다.

요컨대 우주생성의 대폭발로부터 우주의 변화과정이 어떤 방식으로 어딜 향해 가고 있는지 그 실정을 알아가고 있는 물리학에 바탕을 둘 때 진보란 개념과 결국은 쇠망의 길로 가게 된다는 엔트로피 사이의 충돌은 불가피할 것이고 그 손실은 고스란히 우리들 인간의 몫이다. 우주의 질서는 분명 둘이 아니라 하나일 것이다. 빅뱅과 블랙홀 그리고 원소(元素)의 변화, 철(鐵)로 이어지는 과정은 열에너지의 고갈을 의미하고 있음에서다.[16)]

「뇌 과학」 아니 뇌의 작동은 우주질서와 사뭇 상통한다. 모든 생명체가 예외가 아닌 이상 인간만의 특권은 있을 수 없다. 인간이 우주를, 자연을 정복하겠다는 야심찬 포부 그것은 사실 교만한 발상이다. 부득이 종교를 빌려 창세기로 합리화를 꾀해 보지만 정답으로의 접근은 허락되지 않는다. 우주생성의 비밀이 알려짐에 따라 궤(軌)를 설명할 수 없을 뿐이다. 열변, 아니 괴변을 토해도 결국 우리는 죽는다. 천국이 아니라 인간으로서의 의미를 상실한다.

나의 생각을 깡그리 읽어 멀리 떨어진 로봇과 공감대를 갖게 된다는 사실, 그것은 언젠가 나의 뇌를 로봇이든 동물이든 또는 사람이든 뭔가에 이식하게 된다는 것, 영화 아바타처럼 나의 분신 아니 진품과 다름없는 존재가 우주와 함께 우주장(宇宙葬) 처럼 영원할 것이라 믿는 종교(Sciligion, Scince Religion)는 과연 타당하다 할 수 있겠는가?

지난해의 상상, 복사된 USB를 주머니에 넣고 다니다 쓸모없는 사람들의 뇌에 꽂아 확 덮어쓰기까지는 IBM의 발상을 기대해 보지만 아직이다. 아쉽다. 하지만 다행일지도 모른다. 인간의 뇌신경연결지도 프로젝트(Human Connector Project)로 뇌지도(地圖)가 밝혀지고 디지털 뇌(Digital Brain)가 현실화되어가면서 이미 '정신분석학은 과학이 아니다' 라고 단정하고 있는 파인만의 주장은 주술 수준 이상으로 당당해질 정신건강의학으로 우아해질지 모르나 고(高) 엔트로피를 피할 수 없는 대가(代價)를 위해 이래저래 문제가 커질 것은

---

16) 헬리움으로 부터 단계적 이생과정의 종착역 철(鐵)에 이르면 불랙홀로 끌려들어갈 수밖에 없기에.

자명하다.[17] 한편 USB가 독재자의 손에 들어간다면 '대형(大兄)'과 다름없는 SF영화이상의 현실, 만만치 않을 걱정이 앞선다.

아예 안전하게 내가 만들어 볼까? 암세포를 선택적으로 착색하여 레이저를 쏴 선택된 색만 파괴해버리는 방법을 구상한지 족히 10년이 넘는 머리통이라 공상만은 아닐 수 있다. 역시 남는 것은 내가 독재자가 되지 말란 법이 있겠느냐는 것이다. 같이 미친다는 정신과의사의 과대망상일까?

'한글봇'[18]이 지난해 11월25일 암스테르담 차세대 로봇 연구자들의 전시장에서 당당히 세계 소셜 로봇학회의 로봇 디자인경연대회에서 최다득표를 얻었다. 사람과 컴퓨터 상호작용(Human PC Interaction HPI)에서 사람과 로봇 상호작용(Human Robot Interaction, HRI)으로 옮겨가고 있다는 의미, 인지언어심리학의 정보처리과정의 이해가 곁들여지는 융합결과들이기에[19] 일종의 초보적 세탁로봇들이다. 엔트로피라는 우주질서와의 상관관계를 고려해할 문제가 너무나 큰 것은 사실이나 상상은 현실로 이어진다는 것, 그것만은 분명해지고 있다. 다만 정신과의사의 입장에선 상대성 이

17) Richard P Feynman(1918~1988. Newton, Einschtain에 이어 현대물리학의 Feynman Diagram은 정신분석학을 과학이 아니라 단정, 한편 Digital Brain의 대가(代價)로 운영될 Supercom의 전력소모는 핵발전소 1개에 해당하는 정도의 High Entropy가 예상됨.

18) 곽소나교수개발(이화여대 산업디자인) 2011.11.25. 네덜란드 암스테르담에서 열린 세계 소셜 로봇학회, 로봇 디자인경연대회에 출품.

19) Ferroelectric RAM, Resistance RAM 등 기존의 D-RAM과 비교될 수 없는 기억소자에 의한 것들이 이미 발표되었고(서울대 물리천문학부 노태원 교수) 머지않아 상용화될 것이다.

론에 따라 입력된 정보처리의 동시성(同時性)이 절대적일 수 없다는 점에서 이른바 착각 또는 망상(妄想)에 이르는 해석상의 차이가 지금까지 고전물리를 전제로 한 이해의 폭에서 입장을 달리해야할 여지가 노출되고 있다. 이것은 병적인 것을 떠나 모든 인간관계의 소통에 적용되는 문제로 사회적 입장차의 간극이 정보처리에 의한 인지언어심리학-비단 언어뿐이 아니라, 오관을 통해서 오는 모든 지각에 해당하는 것으로 실제 느껴야할 것보다 훨씬 큰 오차로 사회적 물의가 끊이지 않게 된다는 것은 장차 HRI에 의한 로봇과의 관계에서 해결되지 않으면 안 될 과제로 남을 것이다.

나에게 「뇌 세탁기」는 이미 오래전부터 들락거리던 발상이다.

우주상의 모든 물질은 원자로 구성되어있다.[20] 인간의 마음이라고 예외가 아니다. 생물학적 토대가 너무 나의 생각 가까이 와있다는 사실, 디지털 뇌 Digital Brain가 탄생할 날은 머지않다. 디지털 뇌 하나를 운영하는데 필요한 에너지가 자그마치 핵발전소 하나의 용량정도라는 사실로 고(高) 엔트로피가 장애지만 뇌 과학의 발길을 막을 길은 없다. '종교와 신', '철학과 물리학의 만남'[21]에서 이미 충돌은 불붙고 있다.

아내에 의해 나는 어떤 교회의 집사가 되어있다. 연 수백만 원의 각종 헌금이 지출되고 있음에도, 불신자(不信者)인 나의 청혼을 받아

20) 노벨수상 Richard E Feynman의 저서 '여섯가지 물리 이야기'와 Waler Eewin 저 '나의 행복한 물리학 특강', 그리고 Michael Gazzaniga가 쓴 '왜 인간인가?' 참조.
21) 불확정성원리의 W. 하이젠베르크의 저서 '철학과 물리학의 만남'.

들였던 목사, 이미 작고하신 장인과의 약속과 아내를 위해 그저 삭제해 달라 부탁하고 있을 뿐이다. 도마복음을 포함한 각종 성경이야기나 역사철학, 한국의 무속이나 유불선(儒佛仙), 노장사상 또한 유의해서 읽고는 있다. 하지만 '마음이 물질'이란 입장을 이탈하지 못 할 것이며 입자운동과 파장운동에 의한 정신의 치료방법이 당연히 달라질 것을 예상하고 있다. 신(神)의 입자(粒子) 힉스 Higgs(1964)가 CERN[22]에 의해 발견되는 것과 관계없이 그럴 것이다.

- 가상세계(공상, 환상, 망상, SNS 등)에 의한 '뉴런의 최대흥분빈도(Maximum Rate of Neuronal Firing)'의 크기와 그가 속한 문화권의 기존정신건강개념은 상대적(相對的)이다. -

나의 생각 정동철의 법칙중 하나다. 망상이나 「뇌 세탁기」에 연연해서 나타난 결과가 아니다. 미쳤군! 망상 자체를 알아차리지 못하는 비논리적 사고가 가득한데……. 웃긴다. 그럴까? 더 웃기는 것은 마음에 대한 나름의 가설을 설정하기도 했다.[23]

아직도 남아있는 숙제가 많다.

인간의 마음, 생물학적 해석이 가능해야 되겠다는 숙제가 그것이

---

22) Conseil European pour la Recherche Nucleaire. CERN(유럽공동원자핵연구소)은 1954년에 스위스에 설립되었다.

23) Mind seems to be not a State, but a "ing" of Homeostatic Host for such as a running DVD, the series of the chapters, without interruption, till dying. So there would be Mind (consciousness, memory, behavior, and other brain manifestations) on the Super-Integrated Sequence Vital Energy(SiSVETM) hosting the electrochemical encoding and/or decoding chapters through synaptic processing.(Dr. Chung, Jan. 23, 2004)

다. 미쳤다 해도 멈출 형편이 아니다. 턱에 걸려있다는 뜻이다. 그것은 결국 누군가에 의해서라도 넘어서게 되리라는 예언과 같은 의미다. '생각으로 가는 자동차' 이것은 '스쿨 박스'가 이미 진행되고 있는 아이카이스트(iKAIST) 대표 김성진에 의해 근접해있다.[24)]

"왜 인간인가?"[25)]

말이 아니면 하질 말고, 길이 아니면 가질 말아야 인간이라는 윤리적 입장에서 규명하려는 것이 아니다. 인간의 뇌가 지구상의 다른 종의 뇌와 무엇이 어떻게 왜 차이가 나는 것이며 그것을 인간은 얼마나 당당하게 활용하고 있는지가 관심사이기 때문이다. 허버트 테라스교수는 유인원 언어실험 「프로젝트 님」을 구상 침팬지를 인간사회에 입양 연구한 바 있다.[26)] 요컨대 예언에 무쳐버리지는 않을 것이다. 우주의 진행은 물론 어딘가 한 방향을 향하고 있음엔 의문이 없다. 진보라는 사회적 개념의 발전일변도가 아닌......

24) 특정한 단어나 개념을 '생각'해 실행에 옮기려 하면 몸의 근전도와 혈류가 미묘하게 달라지는 데 착안 연구중이다. 필자는 거기에 'Psytom'이라는 필자의 가칭 입자의 작동이 있을 것이라 예측하고 있다.

25) M Gazzaniga의 저서 「Human; The Science behind What make us Unique」를 통해 이해되는 부분을 '정신병동의 노래'를 위해, 정확히는 입원된 환자를 위해 그 일부를 그들의 내일을 위해 그들의 눈높이에서 강의를 하고 있는 것, 마치 Hiddeger가 강조하고 있는 "소통과 이해"가 마법의 열쇄에 숨겨진 뇌에 의해 정교하게 작동하고 있음이 여타 생명체의 뇌신경세포와 다름을 강조하고 있는 내용.

26) '언어는 인간에게만 내재된 능력'으로 믿고 있는 MIT의 언어학자 노엄 촘스키에 도전한 테라스교수는 인간에 입양된 침팬지를 'Nim Chimsky'로 이름 지어 그의 일생을 통해 관찰된 결과들로 결국 '왜 인간인가?'를 일깨워준 셈이 됐다고 필자의 해석.

대체 세탁기가 왜 이렇게 복잡하게 범벅이 됐는지 아내는 의아하겠지만 현실이다. TV나 벽돌폰과 더불어 세탁기 또한 20세기 생활의 변혁 중심에 있었었거나 있다는 것으로 진행형이라 말하면 금방 알아들을 것을.

생각의 정체, 영(靈)이라 불리는 존재는 가공된 인간의 나약한 결과일 따름 실체가 없는 것, 뇌 안에 존재한 원자덩어리가 만든 다양한 기억소자의 조합만이 있을 뿐 바로 그것이 '생각' 생명의 실증이라 믿고 있다. 기억(記憶)원자(原子)를「Psytom」이라 스스로 명명한다. Psyche(그리스 신화의 프시케=에로스에 사랑받는 미소녀, 영혼/정신의 화신)와 Atom(원자)의 합성어를 의미한다. 당연히 프란트 칼의 유산이라 할 수 있는 국소주의 신경과학이나 소립자 일변도로 접근하려는 의도가 아니다. 정확히 말하면 토마스 영의 의한 분산주의 신경과학을 배경으로 한다고 해야 할 것이다. 분산신경부호화(Distributed Neural Coding)와 연계된「뇌자체의 관점 Brain's Own Point of View)」즉「대뇌의 심포니」에 귀를 기울이려는 입장에서다.[27)]

예컨대 최근 조현병(調絃病)으로 개명된 정신병이 있다. 정시분열병이 그것인데 물리학적 배경에 현상학적 표현이 묻어있는 듯하다. 신경회로의 조현 문제? Psytom(가칭)입자의 파동운동과 공명현상으로 이해한다면 미국 워싱톤주의 타코마해협다리의 붕괴[28)]처럼 뇌의 위험한 공명이 정신병으로 이해될 수도 있다. 전기, 자장, 화

27) Miquel Nicolelis의 저서 'Beyond Boundaries(2011)', 김영사 번역출간「뇌의 미래」Cerebral Symphony, Brainstorm등을 강조하고 있는 점 참고.

학적 개념-이들의 생물학적 이해는 매우 중요하다,에 충실하려면 그러나 같은 병리현상의 근원이 있어야 한다. 정신 즉 '생각'에 대한 규명이 앞서야 한다는 의미다.

신경회로 Nerve는 피복에 감싸인 전선일 뿐인가? 신경전달물질 즉 원자(가칭 Psytom)와 전기화학적 전도과정의 누수를 방지하는 목적만이 전부일까? 신경회로가 관(管)이 된 이상 그 안에 밝혀지지 않은 원자의 행보가 있을 것이라 본다. 추리만 할 일은 아니다. 연구 결론을 내야할 문제다. 접근할 수 있는 방법, 도구와 재료가 없다는 것이 치명적 나의 숙제다.

「뇌 세탁기」가 거듭 복잡하게 가지를 치고 말았다. 대체 무엇을 목적으로 쓰여진 글인지 혼란스럽다. 아내가 이해할 수 있는 결론으로 가야겠다.

누구나 알고 있는 복잡한 뇌에 대해 그 세탁기를 통해 쓸 때 없이 찌든 사고(思考)들을 깨끗이「왜 인간인가?」로 세탁되어야 한다는 의미가 목적이다. 위험한 주관성이 내재돼있다. 그래서 관련된「뇌 과학」에 관한 현실들을 들여다봤을 뿐이다.

누군가 세련된「뇌 세탁기」를 위해 필수적인「원자-가칭 Psytom」에 의한 생각(Nicolelis의 '전기폭풍'이라 하더라도[29])이 규명 될 것을 기대한다. 필경 찾아질 것이다. 기왕이면 나도 그 무리 속에 끼어들고 싶다는 것이다. 가장 적은 엔트로피를 염두 하면서........

---

28) www.youtube.com/watch?v=zczJXSxnw에 1940년11월 약한 바람에 다리가 공명하면서 크게 흔들리자 마침 바람이 세 지자 결국 비틀려 붕괴되는 장면을 볼 수 있다.
29) Nicolelis의 한국판「뇌의 미래」에서 강조된 표현.

오바마의 첫 국무회의

김사목 형제 有感

맞이하는 죽음 考終命

134 · 135

한광수

· 경기도 개성 출생
· 가톨릭의과대학 졸업
· 외과전문의, 의학박사

· 공군 의무감
· 국가유공자
· 서울특별시의사회장
· 가톨릭대학교 의과대학 동창회장
· 가톨릭대학교 대학평의원회 의장
· 의협 100주년사 편찬위원장
· 사회복지법인 유린보은동산 이사장
· 한국국제보건의료재단 총재
· 용현의원(서울시 마포구 용강동 50-1) 원장(현)

오바마의 첫 국무회의

4월 22일 일간신문마다 큼지막하게 미국 국무회의장면 사진이 실렸다. 오바마 대통령이 1월 20일 대통령에 취임한 지 90일 만에야 22명의 각료와 처음 국무회의를 했다는 게 우선 놀라웠고, 그나마도 보건장관 내정자는 아직도 상원인증을 받지 못해 불참했다니, 각료인선의 어려움을 짐작할만하다.

형편없는(?) 인물이 국회청문회에서 아무리 호되게 당해도 열흘만 지나면 임명할 수 있고, 정 시끄러우면 금방 본인사퇴의 형식으로 경질되는 우리나라 제도와 달리, 만장일치로 찬성을 못 받으면 임명되지 못하는 것 같다. 쉽게 임명할 수 있다 보니 우리나라에서는 한 달은커녕 불과 며칠 만에 사퇴해버린 장관들이 좀 많은가. 하기야 주한미국대사도 에드워드 케네디 상원의원이 반대하는 바람에 몇 달을 끌다가, 중병으로 와병 중인 케네디 의원이 반대를 철회해 준 덕분에 늦게 부임했던 일이 생각난다.

꽤 긴 타원형의 진한 밤색 테이블에 달랑 물 컵 한잔씩 앞에 놓고, 각자 적당한 메모 도구만을 준비했을 뿐인데, 대통령 오른쪽에 자리 잡은 국무장관 힐러리 클린턴은 그나마 명함 크기만 한 메모지 한 장과 까만 볼펜 한 자루뿐이다. 거창하게 모니터를 앞에 놓고, 개인

별 마이크까지 준비되어 있는 우리나라의 국무회의에만 익숙해 있던 내게는 큰 충격이었다. 가끔 TV에 나오는 우리나라 정당들의 회의장면 보다도 덜 권위적일 뿐만 아니라 훨씬 자유스런 분위기가 느껴지는, 3억 인구를 가진 세계제일의 강대국인 미국정부의 국무회의 모습은 정말 뜻밖이었다. 하기야 미국의 국회의사당보다 훨씬 규모가 크고 호사스런 여의도 국회의사당에도 의석마다 모니터를 갖췄으나 하는 일들은 비교 자체가 무리일 것 같고, 국무회의라고 다를게 없을 것이다. 근대 민주주의 의회제도의 효시라고 하는 영국의 의사당은 아예 지정된 의석이 없고, 연단을 중심으로 왼쪽에는 야당의원들이, 오른쪽에는 여당의원들이 자리를 잡는데, 앞에만 좌석이 있으므로 다선의원 순으로 앉을 수 있고 대부분은 앉는 자리도 없다니, 호사스런 의사당의 꾸밈새와 의회 민주주의와는 전혀 상관관계가 없는듯하다.

지금도 크게 변했을 것 같지는 않은데, 내가 20여 년 전 군 복무를 할 때 일주일에 한 번 씩 하던 참모회의가 생각난다. 정면 중앙에 참모총장, 좌우로 참모차장과 작전사령관이 배석하고, 중앙을 향해 두 줄로 참모들이 자리를 잡는다. 순서에 따라 보고를 하는데, 특별참모인 의무? 법무? 군종은 보고사항이 없다고 하는 게 관례(?)처럼 되어 있었다. 수만 명 장병의 건강을 돌보는 데 보고사항이 없다니! 어디를 가서나 튀는 짓을 잘했던 내가 그냥 가만히 있을 수 없어, 지난주의 외래환자, 입원환자, 오늘 현재의 입원환자를 꼬박꼬박 보고하고, 한술 더 떠서 계절별 건강관리의 유의사항을 보고했다. (한번은 흔한 성병에 대해서 치료와 예방법을 강의하기도 했는데 제법 청중(?)의 열기를 느낄 수 있었다). 자질구레한(?) 참모보고를 매주

꼬박꼬박 했으니 빨리 끝나기만 기다리던 다른 참모들한테 꽤 눈총을 받았을 것 같다.

일본에서는 우리의 국무회의인 내각회의를 책상도 없이 가료들이 빙 둘러앉아 하는 것 같은데, 맨 나중에 들어오는 총리대신이 앉을 때, 뒤따라서 자리에 앉는 게 퍽 인상적이었다. 미국, 일본, 영국 등에는 모니터도 마이크도 없지만, 국무회의가 덜 효율적이지는 않을 것이다. 국가정책의 최고의결기관의 운영형식에 구애받지 말고, 충분한 검토 후에 정책이 수립되고, 한번 수립된 정책을 일사불란하게 차질 없이 이행되어야 할 것이다. 아집과 편견으로 곳곳에 '대못질'이나 해대던 정권이 퇴진한 후에, 나날이 추락하는 국격(國格)이 심히 부끄럽다. 하기야 그때 국무위원급으로 오랫동안 관례로 배석했던 서울특별시장에게 참석하지 말라고 했다니, 자기 후임 대통령을 못 알아본 안목으로 무슨 일이건 제대로 했을 것 같지 않다.

김사목 형제有感

나의 선친은 내가 해군에서 인턴을 할 때 돌아가셨다. CVA로 수년간 고생하시다가 한 여름 수해를 당해 비바람 속에 탁류를 헤치고 동네사람 등에 업혀 뒷산(서강의 와우산)으로 피신하신 일이 큰 충격이 되어, 이후 보름가까이 곡기를 끊고 운명하셨다. 평생 아버지를 곁에서 모시고 임종을 지키신 어머니 말씀에 의하면 아버지는 식사 때마다 입을 꽉 다물고 물 한 모금 까지도 거절하셨다고 한다.

선친은 연세에 비해 매우 건강하셨다. 당시 6.25전쟁으로 개성에서 피난 온 우리 가족의 유일한 재산을 김사목이라는 사람에게 빌려주고 이자를 받아 쓰셨는데, 그 돈을 통째로 사기당하셨다.

그 빚돈은 아버지와 평생의 친구였고 우리 형제들이 아저씨라고 불렀던 경의전 출신 오기환 박사가 빚보증을 서주셨다. 몇 년씩이나 재판을 했는데도 아무런 책임을 지지 않으셨던 아저씨께 너무 섭섭해서 아버지가 돌아가신 후 몇 년 후에 아저씨가 돌아가셨을 때 나는 진해에 근무한다는 핑계로 문상을 안 갔다.

내가 본과에 올라 갈 무렵부터 경제적 타격이 왔는데, 그게 다 김사목이 아버지의 돈을 떼어먹은 탓이다. 담보로 잡혔던 그 사람의 집이 재판에 넘어가서 압류가 되고 경매가 되었으면 돈을 찾을 길이 있었지만, 집달리가 갖고 가는 경매서류에 도장을 일부러 빠뜨리게 해서 시간을 끌어 재산을 처분했다고 한다. 김사목이란 사기꾼은 사기 전력이 있었는지 재판이나 법 집행절차를 너무나 잘 알아서 요리조리 잘도 빠져 나가고, 젊은 판사는 아버지께 왜 고리대금을 했느냐고 야단까지 쳤다니 법 없이도 사실 분이셨던 아버지의 심정이 어떠했을까 짐작된다.

결국 담보로 잡았던 집도 없어지고, 민사소송 몇 년에 아버지는 심신이 완전히 탈진하셨다. 아버지가 돌아가신 이유는 그일 때문이라고 믿는다.

세브란스에 다니던 남수 형과 나, 그리고 갓 대학에 입학한 동생의 등록금을 Michigan 대학 교수로 있었던 성수 형의 도움을 받아 대학을 마쳤다. 큰형 영수와 남수 형이 군 복무 후 미국으로 간 것과, 내가 군에서 장기복무를 한 것도 다 그 일과 무관하지 않다.

김사목이란 사람을 만나 본 적은 없으나, 아버지께서 그 사람과 그 동생 이름을 생전에 거명하시면서 아주 불쾌해 하시던 게 아직까지 뇌리에 남아 있다. 그 사람의 동생은 의학박사가 되어 사회 유지로 잘 살고 있다는 걸 알게 되신 선친이 하루는 찾아 가서 사정을 말하고, 당신 자신도 의사라고 했지만 “왜 제 형에게 빌려준 돈을 저한테 받으러 왔습니까?”하고 미안하단 말 한마디도 없었다고 한다.

돈을 대신 내달라는 요구도 안했는데 괜히 젊은 사람에게 박대를 당하셨으니 자존심 강했던 선친이 얼마나 분하셨을까? 그때부터 나는 내가 이 다음에 크면 언젠가 이 형제들에게 아버지의 한을 풀어드려야지 하고 마음속으로 결심했다. Hamlet에 나오는「Lent money is spent money」는 이후 나의 좌우명이 되었다.

20년 가까운 세월이 흘러 1980년 공군 군의관 대령 때 드디어 김사목의 동생 되는 유명한 의사를 서울간호전문대학 행사에서 만났다. Garden Party에서 청와대 의무실장을 했던 하창우 중령의 형인 하일우 이사장이 인사를 시켜주면서 의사협회 현판도 쓰신 분이라고 소개했다. 20년 동안 가슴에 한을 담았지만 장소와 때가 그러다 보니 어정쩡하게 악수만 나누고 헤어지고 말았다. 얼마 후에 병사했다는 소식을 들을 때까지 다시 만나지도, 아버지께 저지른 무례도 따지지 못했으니 또 한 번 불효를 저질렀다. 누구든지 빈손으로 왔다가 빈손으로 가는 것이 인생인데, 남의 돈 떼어 먹은 김사목은 언제 어떻게 저승길로 갔는지 애써 알아보지도 못했다. 빌려준 분도 떼어먹은 사람도 이미 오래전에 다 떠났으니 지난 일들은 내려놓아 버리고 말아야 하겠지만, 만년에 곤궁하셨던 선친이 생각 날 때마다 내 아픈 가슴에 맺힌 恨은 어쩔 수가 없다.

100세 넘어 사신 모친께는 형제들이 미국에 초청도 해드리고, 나 또한 여자기사 딸린 자가용도 사드리고 아프실 때마다 막내아들 병원에서 입원치료를 받으시는 작은 호강을 누리게 해드렸다. 젊어서는 개성에서 좋은 병원을 경영하시면서 유지로 사셨건만 저주스런 전쟁으로 모든 것을 북에 두고 떠나셨고, 수중의 전 재산을 사기꾼에게 빼앗기신 아버지께서 만년에 자식들의 교육비와 생활비때문에 고통을 받으시고, 좋아하시는 고기반찬 한번 제대로 못 잡수신 일이 내게는 평생의 한이다. 인턴 때 첫 월급으로 사드린 내복을 아끼고 입지 않으셔서 결국 돌아가신 다음 내가 입었다.

맞이하는 죽음 考終命

「세상에 이런 일이!」TV프로에나 나올 만한 일이 해외토픽에 소개되었다. 미국 롱아일랜드의 Veterans Army Hospital에서 일어난 일이다. 퇴역군인들이 입원하는 이 병원의 요양병동에는 거의 대부분 환자들이 다른 사람들과의 의사소통이 불가능한 치매환자들이 수용돼있다. 입원한 지 오래된 오기 앤저림이라는 환자가, 하루는 갓 입원한 프랭크 다이벨러라는 환자에게 각별한 관심을 보이기 시작했다. 하루에 여러 번씩 다이벨러의 병실에 찾아가서 다정히 등을 두드려주고 마치 가족을 간병하는 것처럼 그를 대해주면, 앤저림보다 상태가 훨씬 안 좋은 다이벨러는 아주 편안한 표정을 짓곤 했다.

다이벨러의 가족과 병원 간호사들 모두가 두 사람의 그런 행동을 알게 되었으나, 의사소통이 불가능한 두 사람에게서 아무런 설명을 들을 수가 없었으므로 매우 궁금하게 여겼다.

마침내 앤저림의 아들이 왜 아버지가 다이벨러에게 그토록 다정한 애정을 보이는지 알아보기 시작했다. 그러다가 다이벨러가 간직하고 있는 앨범속의 오래된 사진들 가운데 어디서 많이 보았던 사진을 발견했다. 그 사진은 한국전쟁 때 참전했던 아버지의 오래된 앨범에서 보았던 것과 똑같은 사진이었다. 두 사람이 한국전쟁 때 전

우였음을 확인한 후, 앤저림의 아들은 마침내 자기 아버지와 다이벨러가 미 육군포병부대에서 함께 근무했고, 아버지는 위생병으로 다이벨러는 취사병으로 근무한 것을 밝혀냈다. 그러고 보니 치매에 걸리기 전 아버지가 어떤 취사병에 대해 자주 이야기했던 게 생각났다. 다이벨러는 취사병이었으니 식사 때는 배식 차에 실어 전방으로 보내면 그만인데, 다이벨러는 항상 직접 최전방 부대원에게 따뜻한 식사를 날라줬기 때문에 전방의 병사들과 위생병들로부터 칭송을 받았다. 그러다가 포격에 부상을 당하고 후송될 때까지 위생병이었던 앤저림의 간호를 받았던 것이다. 60여 년을 떨어져 살다가 중증 치매환자가 되어 만난 두 병사가 우연히 만난 두 병사. 무의식중에도 앤저림은 다이벨러를 간호하기 위해 그의 병실을 찾았고, 다이벨러는 옛날 전쟁터에서 부상을 입었을 때 자기를 치료해 주었던 그 따뜻한 손길에 안도감을 느꼈던 것이다. 앤저림의 아들로부터 61년 전 한국전쟁에서의 사연을 전해 들은 병원 측은 그 즉시 두 노인이 같은 병실을 쓸 수 있게 해줬다.

'비록 한국전쟁은 잊혀진 전쟁이라고들 하지만 이 두 치매노인 앞에서 누가 감히 그런 말을 할 수 있을까?' 하면서 기사는 끝을 맺었다.

몇 년 전 미국연방대법원의 여성 대법관 한 분이 치매에 걸린 남편을 돌보기 위해 종신직인 연방대법관직을 사임했다. 매일 남편이 입원해 있는 요양병원으로 출근하는데, 부인도 알아보지 못하는 남편은 요양병원에 입원해 있는 같은 처지의 여자 노인환자를 좋아해서 잠시도 그 여자환자와 떨어져 지내려고 하지 않았다고 한다. 보통 사람 같으면 아무리 치매에 걸린 남편이라지만 꼴도 보기 싫었을 텐데, 비록 치매에 걸리긴 했지만 한 여성을 사랑하는 남편의 모습을 곁에서 지켜보는 게 지극히 행복하다고 하는 글을 읽었다.

연명치료를 거부한다는 증서를 건강할 때 마련해두자는「사전의료의향서」를 발급해주는 모임이 생겼다. 어떤 나라에서는 생전에 자기가 지명한 의사가 회생불가라는 진단을 내리면 안락사를 해주도록 변호사에게 공증한다고도 하는데 이 세상을 떠나는 일이 점점 쉬워지지 않는 것 같다.

얼마 전 나는 90세가 넘은 환자를 환자의 아들이 직원으로 근무하는 대학병원으로 이송하면서, 친분이 있는 담당교수에게 연명치료보다는 고통 없는 임종을 간곡히 부탁했다. 병실과 중환자실을 오가면서 한 달 넘게 오만가지 검사와 처치로 환자는 만신창이로 지치고, 견디다 못한 환자는 잠시 의식이 돌아왔을 때 모든 치료 장치를 다 뽑아버리고, 손바닥에「外」자를 힘들게 써 보였다고 한다. 가족들이 즉시 퇴원시킨 뒤 십여 일 만에 자기 집에서 편안히 임종을 맞은 환자를 경험한 다음부터 나는 연명치료를 위한 환자의 대형병원 이송을 절대로 반대한다.

치매환자들을 돌보는 가족들은 안타깝지만 정작 환자들은 행복하다니 치매에 걸리는 것이 의식이 멀쩡한 다른 중병에 걸리는 것보다 나을 것도 같다.

「노인장기요양소견서」를 작성할 때, 집안 형편상 노인을 모시기 어려울 경우도 있다. 이때 내가 차라리 환자를 요양병원으로 모시는 게 어떻겠냐고 하면 선뜻 요양병원 입원을 원하는 며느리들과는 달리, 대부분의 딸은 어렵긴 해도 모실 수 있을 때까지는 집에서 모시겠다고 한다.

詩經에 있는 五福(壽·富·康寧·攸好德·考終命)에도 오래 살고(壽) 건강하고(康寧) 임종을 편안히 하는 게(考終命)들어 있다. 예나 지금이나 Well Dying이 제일 큰 복이 아닌가 싶다.

길 路
돈 錢
샘 井

최 종 욱

· 고려대학교 의과대학 졸업
· 이비인후과 전문의, 의학박사
· 고려대학교의과대학 이비인후과 주임교수 (전)
· 고려대 안암병원 이비인후-두경부외과장 (전)
· 고려대학교 안산병원장 (전)
· 대한이비인후과 의사회장 (전)
· 대한임상보험의학회 이사장 (전)
· 관악이비인후과 원장 (현)

저서
· 지리밭으로 걸어가라 (도서출판 소금나무)
· 두경부 종양학 (고려대학교 출판사)
· 다시 찾은 목소리 (진수출판사)
· 임상 이비인후과학 (일조각)
· 구강질환 (한국의학사)

· 주소	서울시 관악구 행운동 852-2 서호빌딩 관악이비인후과
· 전화	02-872-6162
· 팩스	02-872-6165
· e-mail	jochoi48@yahoo.co.kr
· 홈페이지	http://www.gwanakent.com

최종욱

길路

파주의 산속 외딴 길이 왜 그렇게 멀게 느껴지는지 몰랐다.

종교단체에서 운영하는 공원묘지가 있는 곳인데 세 번째 방문하는 길이다.

장례식과 삼우제(三虞祭) 때 들렀었고 그날은 사십구재(四十九齋) 날이라 마지막 길이다 싶어 마음을 다져 먹고 나섰는데도 한없이 멀게 느껴졌다.

저승길도 멀지만, 이승에서 배웅하는 길도 결코 가깝지는 않았다.

눈이 많이 내렸고 찬바람이 휘몰아치는 것이 이젠 세속을 벗어나 영면(永眠)의 길로 떠나는 것을 슬퍼하는 것 같다.

개원한 후 이년 째, 이제 막 병원이 자리를 잡으려고 하는데 의료사고가 났다.

후두종양(喉頭腫瘍)으로 수술을 하기 위해 환자에게 전신마취를 막 시작하려고 유도마취(誘導痲醉)를 하는데 갑자기 환자상태가 나

빠져 운명하시게 된 것이다. 나름대로 최선을 다했지만 나는 의사로서 씻지 못할 죄인이 된 것이다.

유가족들은 난리가 났다. 설명도 해명도 필요 없었다. 무조건 살려내라는 것이다. 저승으로 떠나버린 분을 뒤따라가서 모셔올 수도 없었고 정말 난감하였다. 병원에서 가입하고 있는 의료사고 보험회사의 손해사정사가 나와 위로금문제로 유가족과 말씀을 나누는 도중 고인이 특별한 직업도 없고, 연세도 있고 해서 보상액이 얼마 안 된다는 사무적인 말을 하다가 유가족들에게 몰매를 맞고 혼비백산하여 도망치는 모습을 보고 살아있는 사람은 각자가 가고 있는 길, 추구하는 길, 어려움을 피해 가는 길이 다 다르다는 것을 알았다.

고인은 아무튼 나와 깊은 연관을 맺고 저세상으로 떠났다.

당시는 나도 따라가고 싶은 심정이었다. 유가족들의 슬픔과 불만이 워낙 강하여 모든 것을 양보하고 합의를 봤다. 위로금을 법이 정하는 범위보다 훨씬 여유 있게 마련해드렸다. 장례식은 물론 사십구재까지 내가 다 모시겠다고 말씀드려, 병원에서 소란을 피우는 것을 겨우 진정시킬 수 있었다. 삼일장(三日葬) 동안 영안실에 매일 붙잡혀 모든 시중과 경비를 다 부담하였고, 영결식도 엄숙히 치러드렸다. 삼우제 때 공원묘지에 들렀었는데 그렇게 소리치며 애통해하시던 다른 가족들은 다 빠지고 장남, 장손 내외, 그리고 나 네 사람뿐이였다. 모처럼 조용한 유가족과의 만남이 이루어졌었다. 그동안 정도 들어 고인과 가족들이 살아온 길에 대하여 이야기도 나누며 서로 위로도 하였다. 나의 부모님께서 세상을 떠나셨을 때 나 역시 삼우제와 사십구재 때 직장일로 참석을 못해 이해가 갔다. 형제 · 자매나 부모님상 못지않게 고인을 영면의 길로 모셨다.

의사의 길
정말 쉽지 않다는 것을 느꼈다.

요즘은 질병을 고치는 것보다 환자나 가족들에게 설명하고 이해시키는 것도 어려운데, 내게 치료받으러 온 환자가 수술 중 운명하셨으니 유가족들 마음이 오죽 아팠겠으며 당황하였겠는가.

삼십여년을 두경부외과 세부전문의로서 자신만만하게 일해 온 나 자신도 방향을 잃고 한동안 방황하였다. 나의 교만과 나태함을 탓하고야 비로소 초심으로 돌아가서 새로운 마음가짐으로 다시 출발하였다.

배운 길이 그 길뿐이라 도리가 없었다.

고인은 먼 길로 이미 떠났지만 일흔을 바라보는 두경부외과(頭頸部外科)의사의 길은 몇 리나 남았을까.

올 가을 낙엽과 겨울 진눈깨비의 가르침을 몇 번이나 더 받을 수 있을까.

앞만 보며 지칠 줄 모르고 안갯속을 힘차게 달려왔는데, 이젠 남은 삶의 이정표(里程標)에 새겨진 숫자판이 어렴풋이 보인다.

돈錢

돈은 사람을 강하게 할 수 있고, 때로는 약하게 할 수도 있다.

'돈의 맛'이란 임상수 감독의 영화를 보면 돈에 중독되는 것이 마약보다 더 강한 파괴력이 있어, 돈 앞에 인간은 욕정(欲情)과 치욕(恥辱)을 건잡을 수 없어 결국 폐인이 된다. 돈만 있으면 귀신도 부릴 수 있고 호랑이의 눈썹도 빼 올 수 있다는 속담이 실감 나게 하는 내용이다. 금권 자본주의의 무서운 뒷면을 적나라하게 표현하여 감동받았다. 피와 땀으로 노력한 대가로 받는 어딘가 부족한 듯한 돈이 얼마나 소중한 것인가를 새삼 일깨워주는 영화다.

얼마 전 나의 선생님 한 분이 병원에 찾아오셨다.

무척 반갑게 모셨는데 영 표정이 어두우셨다. 개인 파산(破産)되어 생계가 너무 어려워 도와달라는 것이었다.

월세방을 얻어 근근이 지내고 있는데 주변 사람들도 다 돌아서서 쳐다보지도 않는다고 하셨다. 그 간의 긴 사연을 들어보니 돈에 과욕을 내시다가 파산하셨다는 내용이었다. 요즘 같은 불경기에 흔히 접할 수 있는 사연이나 나와 가까웠던 선생님인지라 나는 가슴 아파

도와드리기로 하였다. 나의 백수(白手) 시절 선생님께서 나에게 많은 격려를 아끼지 않으셨던 분이기에 마음의 빚이 되어 우리 병원고문으로 모셔 매월 생활비를 보조하여 드리기로 하였다. 선생님은 젊으셨을 때 돈 때문에 주변으로부터 빈축을 많이 사셨다. 한 때는 부자촌 저택에서 귀족생활을 하셨는데 인생의 무상함을 실감하게 되었다.

돈의 노예가 되어가시는 선생님 때문에 역으로 나 자신은 물론 후학들에게도 학문을하려면 가난할 줄 알고, 가난할 수 있고, 가난해도 된다는 마음가짐으로 임해야 공부가 되고, 연구에 매진할 수 있다고 생각되어 모질게 교육하고, 독하게 살아왔다.

돈 관리가 헤픈 선생님은 나의 삶을 진료와 연구에 몰두할 수 있도록 채찍질해주신 스승이셨다.

나는 오십이 훨씬 넘어 백수가 되어서야 비로소 돈의 소중함을 알았다.

이십여 년간 공직에 몸을 담고 네 아이를 두고 오로지 월급에만 의존하면서 넉넉하진 못하였지만 열심히 살아오다가, 갑자기 직장에서 복잡한 사연으로 휴직을 하게 되었다. 직장 일에 몰두하다가 휴직하면 단순히 쉬는 것으로만 알았는데, 통장에 월급이 한 푼도 들어오지 않아 경리과에 알아보니 휴직기간동안은 월급이 나오지 않는다는 것이다. 하루아침에 한 푼 없는 백수가 된 것이다. 누구보다 어렵게 삶을 꾸려 온 아내에게 면목이 없었다. 선생님께서는 나에게 위로의 말씀을 아끼지 않으시며, 백인삼성(百忍三省)의 마음으로 기다리라고 하셨다.

생활은 점차 힘겨운데 나의 소식을 들은 친구로부터 연락이 왔다. 그 역시 우리나라 최고의 대기업 대표를 지낸 백수였다. 나와 다른 점은 친구는 화려한 백수(華白)이고 나는 가난한 백수(貧白)였다.

선배 백수는 나에게 백수십대수칙(白手十代守則)을 들려주었다.

텔레비전 리모컨 근처에도 가지 말고, 모든 옷은 일주 이상 입어 빨래를 줄이고, 아침 열시 전에는 이불 속에서 나오지 말고, 잔칫집이나 상갓집에는 절대 가지 말고, 집안 모임에 얼씬대지 말고, 술, 담배 끊고 건강관리 잘할 것이며, 생활이 어렵다고 이 사람 저 사람에게 손 벌리지 말고, 아이들 기죽지 않게 항상 책을 보거나 글을 쓰며, 휴대전화는 받기만 하고, 평생 백수(平白)는 없으니 야망을 가지라는 것이었다. 그리고 세상 소식이 궁금하면 청계산 백수모임(淸白) 나오라고 하였다.

나는 백수수칙을 계율(戒律)처럼 엄격하고, 철저하게 지켰다.

백수생활이 너무나 갑갑해 아내와 스님의 안내를 받아 깊은 산중 절간을 찾았다. 기약 없는 귀양살이가 시작되는 것 같았다.

고시생(考試生)들이 많이 머무는 곳이라, 월 이십만 원이면 아이들과 아내를 떠나 세속의 많은 것을 잊고 나의 일도 할 수 있었다. 독서도 하고, 논문도 쓰고, 책을 집필하고, 미래를 계획하였다.

절간의 백수(僧白)에게는 봄의 새싹과 할미꽃, 여름 하루살이와 매미 울음소리, 가을 허수아비와 낙엽, 겨울 진눈깨비와 차가운 칼바람은 진정한 스승이었다. 많은 것을 느끼고 배웠다.

백수 이년을 청산하고 나는 관악산 산중에 초라하게 개원(開院)을 하였다.

하늘이 도우셨는지 병원은 번창하였다. 그동안 빚졌던 사람들이 많아 한 푼 두 푼 모은 돈으로 은공을 갚는데 보람을 찾으며 살고 있다.

선생님은 현재 당뇨합병증에 치매까지 겹쳐 초라한 요양병원에서 지내고 계시는데, 은공을 돈으로 도와드려야 할지 아니면 정성으로 갚아드려야 할지 판단이 잘 서지 않는다.

돈에 대한 애착은 돈이 많을수록 더 심해진다고 한다.

독하게 벌어서 짜게 쓰는 것보다는, 적더라도 여유 있게 모아서 조금이라도 베풀며 사는 것이 돈의 중독증(中毒症)에서 해방되는 보람된 삶이 아닌가 싶다.

샘井

내가 태어나서 자란 산골 고향 집에 샘(井)이 있었다.

물맛이 좋다고 동네 사람들도 우리 집에서 식수를 길러갔다.

한여름 두레박줄에 수박과 참외 바구니를 매어 우물 속에 담가두면 영락없는 냉장고, 그 이상의 시원한 맛을 느낄 수 있었다.

어머니께서는 가뭄에도 물이 마르지 않고, 물맛이 변하지 않도록 명절 때마다 우물물을 정안수(井安水)로 정성스레 떠놓으시고는 촛불을 켜놓고 기도를 드리셨다.

매년 칠월 장마가 끝나면 아버님께서는 우물을 다 퍼내어 깨끗이 치우셨는데 물을 다 퍼내고 나니 조그만 청개구리 두 마리가 나왔다.

어린 나는 청개구리가 무척 신기했다.

아버님께 올챙이는 없느냐고 여쭈다가 야단을 맞았다. 개구리는 장맛비의 틈을 타서 개울에서 나와 우물 속에 들어갈 수 있지만, 올챙이는 개울물 구석 바닥에만 깔려있어 들어갈 엄두도 못 낸다고 하셨다.

安 이놈들이야말로 천하제일인 양 하는 우물 안 개구리이다.

우물밖에 세상사를 다 모르니 얼마나 편하게 지내겠느냐고 말씀하셨다. 바깥세상에 나온 개구리는 제대로 뛰지도 못하고 얼떨떨하게 쪼그리고 있었다.

어머님은 개구리를 그릇에 담아 집 앞 논에 풀어주셨다.

그리고 두 손을 합장하시어 한동안 기도를 드리셨다.

넓은 세상을 조심스럽게 기어가는 모습이 어쩐지 애처롭게 느껴졌다.

나 역시 두어 평 진료실과 한 평 남짓한 세계에서 가장 작은 양심수의 감옥 같은 연구실에서 온종일을 보낸다.

우물 속의 개구리가 되어가고 있다.

옹고집(壅固執) 때문에 우물을 옆에 두고도 목이 타서 말라 죽는 사람보다는 낫지만, 우물 속에 갇혀 바깥세상을 너무 모르는 게 아닌가 걱정될 때가 많다. 진료중독증에 걸려 항상 불안하고 생각의 폭이 좁아 들며 자신감이 없어져 간다. 주말이면 넓은 세상을 접하고 싶어 이곳저곳 헤매지만 진료 독을 해독하는 데는 부족함이 많다. 지뢰밭 같은 길을 가고 있지만, 첨단 의학연구에 대한 꿈은 잃지 않고, 논문도 제법 많이 쓰고 있다.

얼마 전 여러 분야의 노벨상 수상자들이 발표되었는데 우리나라 사람은 왜 없느냐고 푸념하는 사람들이 많다. 아직은 우물안의 개구리와 같이 열악한 분야도 많은데, 우물을 통째로 퍼마시겠다는 성급한 사람의 주장이 우리의 현실이다.

기초과학에 대한 투자가 부족하고, 과학자들에 대한 처우가 미흡한 것이 분명하다.

학문에 대한 우리 사회의 내적 성숙과 학자들의 신념에 대한 응원이 부족한 탓도 있다. 돈이나 권력의 유혹에 물들지 않게 하는 배려도 있어야 한다.

나 역시 연구실은 빈약하지만 내 자신은 풍족하여 뭔가 순서가 바뀐 듯하다. 특허를 몇 개 출원하였는데 나름대로 투자를 많이 하지만 일본과 프랑스 특허에 맞물려 고전하고 있다.

우물을 파려면 한우물을 파라는 속담이 있다.

끝장이 날 때까지 학문을 깊이 있게 하라는 뜻이다.

우리는 학문을 하는 조그마한 터전에 너무나 많은 우물을 파고 있다. 돈과 명예와 권력을 한꺼번에 다 얻으려고 지나치게 많은 우물을 파서 개구리는 물론 올챙이까지 날뛸 판이다.

나라와 직장이 나보다 더 부자가 되어야 하고, 나와 같이 일하는 동료들이 일하는 보람과 만족감을 느껴야 한다는 신념으로 살아왔다.

가치관을 바꾸어야만 더 깊은 우물에서 맑은 샘물이 솟아나 개구리나 올챙이의 놀이터가 되지 않고, 우물 속의 천하제일 개구리도 사라지게 될 것이다.

더 넓은 세상에서, 더 낮은 마음으로, 세속의 명품(名品)에 유혹당하지 않는 진정한 프로를 배출할 수 있는 맑은 샘물이 솟아날 때 우리에게도 노벨상의 기회가 올 것이다.

최종욱 샘井

꽃이 피네, 꽃이 지네

작은할아버지가 되다

추모의 정에 대하여

홍 지 헌

· 강원도 동해시 출생
· 강릉고등학교 졸업
· 연세대학교 의과대학졸업
· 연세대학교 대학원 의학박사, 이비인후과 전문의
· 서울 강서구 연세이비인후과 의원 원장
· 아시아나항공 이비인후과 자문의사
· 연세대학교 의과대학 동창회보 편집운영위원장
· 연세대학교 의과대학 이비인후과학교실 동문회 오공회 회장
· 대한이비인후과개원의사회보 헤드미러 편집위원
· 2011년 문학청춘 신인상으로 시인 등단
· 문학의학학회 대외협력이사
· 한국의사시인회 간행이사
· 박달회 회원

저서
· 당신의 귀, 코, 목의 건강을 위하여 (태학당, 1990)

· 주소	서울 강서구 방화동 614-34 메디스타워 5층 501호 연세이비인후과의원
· 전화	02-2662-0263
· Fax	02-2662-0208
· E-mail	jihunhong@hanmail.net

꽃이 피네, 꽃이 지네

개화산에는 이른 봄부터 개나리, 진달래, 아카시아, 때죽나무, 쥐똥나무, 밤나무, 무궁화 순으로 여름이 지나갈 때까지 계속 꽃이 핀다. 개나리와 무궁화는 공원 조경 목적으로 구청 공원녹지과에서 심은 것 같고, 밤나무는 땅 주인들이 자기 소유의 땅에 심어놓은 것이 아닌가 생각되며, 쥐똥나무는 가족묘지의 울타리 삼아 심어놓은 것이 분명하다. 다른 작고 예쁜 들꽃들도 피었다 지겠지만, 눈에 잘 띄지 않고, 눈에 띄더라도 이름을 모르므로 언급할 수 없어 안타까운 심정이다.

개나리와 진달래는 향기가 없어서 눈독을 들이지 않았는데, 오월부터 피는 아카시아 꽃이나 때죽나무 꽃은 향기가 좋아, 떨어진 꽃잎을 주워 작은 종이컵에 담아 차 안에 두었더니 제법 향긋했다. 차 한 잔을 마시며 향과 여운을 즐기듯이, 호흡을 할 때마다 느껴지는 듯 아닌 듯한 은은한 꽃향기를 즐기며 오월을 보낼 수 있었다. 유월에는 쥐똥나무 꽃을 따서 같은 방법으로 담아 두었는데, 이름에서 풍기는 바와 같이 향이 강한 편이어서 오래 지속되는 장점은 있었다. 때죽나무 향기는 미물들도 좋아하는지, 꽃을 따라 개미들이 함께 묻어오는 데 반해 쥐똥나무 꽃은 개미들이 따라붙지 않는 것도 장점으로 꼽을 수 있다, 밤꽃도 꽤나 향긋한데 너무 강해 머리가 아플 때도 있고, 꿀이 들어있는 듯 만지면 손이 다소 끈끈해지는 것이 문제점이다.

요즈음은 '개화산 작은 아씨 꽃'이라고 이름 붙여주고 싶은 이름 모를 꽃이 핀다. 꽃향기가 향기롭다기보다는 텁텁하고 은은하다. 노변에서 쉽게 보이는 꽃은 다른 등산객이 즐길 수 있도록 놔두고, 무덤 뒤쪽이라든가 더 깊숙한 곳에 피어있는 꽃 위주로, 가지치기를 해 주듯이 몇 송이씩 따오고 있다. 개화산의 향기를 훔치는 일이라 마음에 찔리는 점도 없지 않지만, 숲 속에서 모기에 물리며 꽃을 따고 있으니 꽃값을 피로 치르는 셈이다. 그런데 셈이 아주 느슨해서, 개화산은 나에게 꽃과 향기를 주고, 내 피는 모기가 가져가고, 모기는 여름이 지나면 개화산 흙으로 돌아가는 순환 셈법이 적용된다. 세월이 지나면 누가 가장 득을 보았는지, 혹은 아무도 이문을 챙기지 못했는지, '왜 꽃을 들어 이(利)를 논하는가' 하는 옛 성현의 말씀을 닮은 생각만 남게 될지 알게 될 것이다.

꽃은 스스로 무엇을 가장 자랑스러워 할까? 꽃 중에 가장 예쁜 부분은 어디일까? 자주 꽃을 보다가 보면 이런 진부한 질문을 하게 된다. 나는 왜 꽃의 향기를 탐하는가? 하는 질문으로 바꿔 보기도 한다. 팔월, 광복의 계절을 맞아 요즈음 피어있는 무궁화를 보면 샤론의 장미라고 불릴 만큼 아름다운 꽃임이 틀림없다. 연분홍색의 꽃잎과 엷은 노랑색 꽃술과 꽃술 주위에 달무리처럼 번져있는 붉은색의 조화로운 모습은 한 나라의 국화로서의 품위를 느끼게 하며, 특히 흰 무궁화의 고결한 모습은 종교적인 분위기를 자아내는 듯하다. 오래 관찰하면 마음을 사로잡는 더 많은 매력을 찾아낼 수 있을지도 모르겠다. 한 가지 아쉬운 점은 향기가 전혀 없다는 것이다. 굳이 무궁화를 예로 들어 보았지만, 멀리 두고 보는 꽃은 자태가 아름답거나, 모양이 탐스럽거나, 색이 곱거나 어느 한 가지 매력은 갖추어야 할 것이지만, 가까이 두고 보는 꽃은 역시 향이 좋아야겠다는 것이 요즈음의 생각이다.

꽃의 구조 중에서 가장 눈길을 끄는 부분은 꽃술이다. 꽃잎들이 모이는 중앙부위에서 가늘고 길게 뻗어 나와, 끝 부분에 꽃밥을 달고 하늘하늘 흔들리는 모습을 보면 여인들의 긴 속눈썹 같다. 나이를 불문하고 속눈썹을 길고 짙게 화장하는 여인들의 심정이 이해되기도 한다. 눈길을 확 잡는 효과와 함께, 보는 사람의 마음도 흔드는 힘이 있다.

아침 산책의 가장 큰 목적은 뭐라 해도 운동인데, 꽃을 따는 재미라도 만들지 않으면 단순하고도 따분하여 오래 지속시킬 수 없다. 더구나 요즈음 같이 더운 날에는 천천히 걸어도 땀이 많이 흘러 옷이 흠뻑 젖는다. 운동을 좋아하시는 이비인후과 선배님이 조언하시길, 아침 운동 후 땀나는 몸은 미리 준비한 얼음 물수건으로 닦으면 금방 몸이 식어, 환자 보는 데 지장이 없다고 하셔서 잘 활용하고 있다. 아침 산책의 또 다른 효용은 사색하기에 좋다는 것이다. 당일에 있을 행사에서 어떤 인사말을 할까, 며칠 전 보았던 까다로운 환자의 경우 어떻게 하면 무난하게 대처할 수 있었을까 하는 생각을 하며 걷다 보면 자연스레 생각이 풀린다. 아침 산속 오솔길이 전해주는 운치가 시심을 불러일으키기도 하여, 몇 주에 한 번 정도는 좋은 선물을 받는 것처럼 한 편의 시가 찾아오기도 한다.

오월이 가니
때죽나무 꽃 지네
나의 산
더 이상 향기롭지 않겠네
한동안 나무 아래 서성이며
떨어진 꽃잎 주우리
향기의 자취 살피리
꽃을 활짝 피우고도
가슴에 서린 매운 기운
버릴 수 없었나
꽃을 보내고
독이 든 열매를 맺은
때죽나무의 속사정
묻지 않으리

이제 얼마 지나지 않아 개화산 꽃의 계절은 끝이 난다. 가을이 깊어지면 꽃을 대신해 곰솔 가지에서 흘러나오는 송진의 향을 맡으며 아침 산책을 계속하게 되겠지. 아침 산책길에 산에서 향기를 구하는 것은 삶의 여정에서 감동을 구하는 것과 똑같다는 생각을 해본다.

작은할아버지가 되다

장조카가 결혼한 것이 엊그제 일처럼 생각되는데 조카며느리가 귀여운 딸을 낳았다는 소식이 왔다. 할아버지가 된 큰 형님은 삼칠일이 지난 후에 보러오라고 하셨으나 며칠을 못 참고 주말을 기해 축하 카드와 속옷 선물을 마련하여 귀여운 손녀딸을 보고 왔다. 아직은 누구를 닮았는지 구별이 되지 않지만, 너무 조그맣고 예쁘고 귀엽고 눈매가 선하게 보였다.

큰 형님이 초임 시절 지방 근무를 하실 때, 객지에서 아이 셋을 키우기 힘들다는 명분으로 부모님이 장조카를 데려오셔서 고향에서 돌보고 계셨었다. 지금 생각해 보면, 그때 큰형님과 형수님은 적적해 하시는 부모님께 귀여운 어린 아들을 효도 차원에서 보내드린 심정이었을 것이다. 그때 나도 고향에서 공중 보건의로 복무 중이었기 때문에 부모님과 함께 있을 때였다. 같이 생활하면서 정이 많이 들었던 장조카가 아빠가 되었고, 더불어 나도 그동안 상상만 하던 할아버지 반열에 오른 것이다.

공중보건의로 근무할 그 당시, 휴일에는 조카를 데리고 바닷가로 산책도 나가고, 정라진 등대를 배경으로 사진도 찍어주고, 씻겨주기도 하고, 토하면 닦아주기도 하며, 동기들은 전공의 수련을 받느라 환자를 돌보며 바쁘게 지냈겠지만, 나는 아빠가 되는 수련을 받고 있다는 느낌이었다. 조카를 보며 삼촌으로서 큰 행복감을 느끼기도 했다. 그때의 경험이 후에 결혼하고 내 아이가 태어나 아빠의 역할을 감당할 때 분명 도움이 되었다고 생각한다. 이제 그런 역할을 조카가 하게 되었으니, 정말 꼬박 한 세대가 흘러갔구나 하는 생각이 든다.

공중보건의를 마친 후 결혼을 하고 전공의 수련을 받던 젊은 시절을 돌이켜보면 그 시절에는 얼마나 미숙했었던지 지금 생각해도 부끄럽지만, 한편 그 시절이 지금보다 훨씬 더 행복했었다고 느껴진다. 수많은 철없던 일들을 아이들에게 저질렀는데도 불구하고 아이들은 잘 자라 주었고, 아이들로부터 절대적 존경과 신뢰를 받던 그 시절이 정말 그립다. 다시 그 시절로 돌아가라고 하면 여러 가지 사정상 망설여지지만, 그 시절과 가장 유사한 상황이 바로 할아버지가 되는 것이 아닌가. 사랑스런 내 아이들의 어린 시절 모습과 가장 닮을 수 있는 존재가 손자 손녀일 터이고, 다시 키워야 하는 부담감 없이 그 시절로 돌아간 듯이 느낄 수 있을 테니까.

아이들이 어렸을 때는 내가 어떤 이야기를 해 주어도 재미있어하고, 웃어주고, 이야기 속으로 몰입해 주어 신이 났었는데, 이제는 예전에 해주던 유치한 이야기는 아예 꺼내지도 못하게 한다. 그중의 하나가 '대관령 여우 주유소 이야기' 다.

옛날에 어떤 가족이 차를 타고 대관령을 넘어가는데, 차에 기름이 거의 떨어져 기름을 넣어야 했어. 그런데 주유소가 안 보이는 거야. 걱정걱정하면서 대관령 길을 가다가 보니 저기 멀리 간판 불빛이 보이는데, 이름이 '여우 주유소'야. 깊은 산 속에서 여우 주유소를 만나니 기분이 이상하고 겁이 났어. 그렇지만 차에 기름을 넣어야 해서 할 수 없이 주유소로 들어갔더니, 입이 뾰쪽 튀어나오고 눈이 가늘고 귀가 좀 큰 주인이 나와서 '기름 넣으실 여우?' 하고 말하는 거야. 아! 그래서 여우 주유소구나 하고 안심했어. 진짜 여우가 나타나는 줄 알고 괜히 겁을 냈네, 그지? 그런데 기름이 조금밖에 없어 조금만 넣어주는 거야. 다시 대관령 고갯길을 넘어가는데, 이번에는 털이 많이 나고 콧구멍이 크고 이빨이 튀어나오고 시커먼 사람이 나타나서 발을 구르며 큰소리로 '그냥 못 간다' 그러는 거야. '제발, 가게 해 주세요. 어떻게 하면 우리가 갈 수 있나요? 하고 물었어. 그랬더니 그 사람이 '여기서 기름을 넣으면 되지' 그러는 거야. 그러고 보니 그 차가 서 있는 곳이 '돼지 주유소' 였어. 재미있지? 그 주유소에도 기름이 많지 않아서 조금만 넣고 대관령 고개를 굽이굽이 돌아가는데 저기 멀리서 어떤 사람이 뭐라고 부르는 거야. 가까이 가보니 계속 우물우물 무얼 먹으면서 말하는데, 소가 되새김질하는 것처럼 우물거리면서 말하니 무슨 말을 하는지 통 알아듣기 힘든 거야. 잘 들어보니 '기름 넣고 가소.' 그러는 말이었어. 그 사람이 있는 곳이 바로 '소 주유소' 였어. 신기하지? 그 주유소에는 기름이 많아서 가득 넣고 대관령을 잘 넘어갔대.

이제 이런 식의 허접한 내 이야기를 재미있게 들어줄 사람은 이 세상에서 손자들 밖에 누가 더 있겠는가? 눈에 삼삼한 귀여운 내 아이들의 어린 시절 모습과 똑 닮은 손자 손녀들과 더불어, 할아버지로서 그 옛날의 영광과 인기를 되찾아 제2의 전성기를 구가해 보겠다는 꿈에 부풀어 보는 것은 나만의 착각일까?

추모의 정에 대하여

모교 총동창회장을 역임하셨던 이승호 선배님의 고별 예배와 장례 예배에 연달아 참석한 후부터 한동안 추모의 분위기에 젖어 삶과 죽음에 대한 생각들이 떠나지 않는다. 요즈음 부쩍 친구들의 문상을 여기저기 다녀온 것도 작용했겠지만, 특히 친구 김병일 선생이 일찍 가버린 것과 아버지 기일이 다가오는 시점이라서 더욱 그런 것이 아닌가 여겨진다.

가족과 친지들 위주의 고별예배도 처음 경험하였고, 통상적으로 기독교식 장례 때 거행될 것으로 여겨지는 장례 예배 참석도 처음인데 무척 인상적이었다. 장례 예배를 집례하신 정동제일교회 목사님은 이 선배님의 삶이 하나님이 내려주신 선물처럼 은혜와 축복과 감사로 충만한 모범적인 삶이었다고 회고하시며, 이제 고인은 가족이나 친지들과는 매일 만나지 못하지만 하나님 곁으로 가서 하루 종일 함께 계실 것이니 더 행복하실 거라고 유가족과 친지들을 위로하는 말씀을 잊지 않았다. 하나님 곁으로 가서 지금보다 더 행복하게 지내실 것이니 슬퍼하지 말자고 서로 위로하는 기독교인들의 장례 문화는, 종교가 없는 나 같은 사람이 생각해도 좋게 여겨진다.

작년 가을에 돌아가신 아버지는 선산으로 모신 후 두타산 삼화사에서 사십구제를 올려드렸고, 지금도 영가를 삼화사에 모시고 있는데, 불교식과 기독교식 추모 분위기가 많이 다른 것을 느꼈다. 불교에서 행하는 의식들이 더 엄숙하면서도 유족들의 정성이 고인의 사후 운명에 영향을 줄 수 있는 여지가 있다는 여운을 가지고 있어 공손하고 정중하게 불공을 드리게 하는 반면, 기독교에서는 고인의 일생을 돌아보며, 유가족에게 위로를 주는 예식이라는 느낌을 받았다. 불교에서는 죽음 이후에 치중하여, 고인의 영혼을 위해 예식을 올리는 것이라면, 기독교에서는 고인에 대한 생전의 추억을 되새기며 남겨진 유가족을 위로하는데 방점을 찍는 것이 아닌가 하는 생각이다.

삶과 죽음에 대한 생각을 하다가 보니, 불교의 원형을 보존하고 있을 것으로 여겨지는 티벳 불교에서는 죽음과 관련되어 어떤 믿음을 가지고 있었는지 궁금해져서 '티벳사자의 서'를 찾았다. 손을 대지 않은 채 몇 년 동안 원장실 서가에 꽂아두었던 것으로 짐작되는 이 책을 찾아보니, 표지의 색이 바래고, 속지가 구겨져 있고, 먼지에 덮여있었다. 잘 보존된 모습이라기보다는 방치된 상태고, 마치 미이라가 되어가는 모습이어서 책을 펼쳐보기 전부터 마음이 특별한 감정으로 물들어 가는 것을 느꼈다. 이 책은 죽음의 순간에 단 한 번 듣는 것만으로도 영원한 해탈에 이른다는 티벳 최고의 경전이라는데, 그동안 읽지는 않고 그냥 가지고 있는 것만으로 뿌듯하게 느끼고 있다가 어느덧 관심 밖으로 밀려났던 책이었다.

이 책의 의도도 기독교와 마찬가지로, 사자의 영혼을 돕는 것보다는 죽음에 대해 올바른 자세를 갖도록 뒤에 남은 자들을 돕는 데 있다고 해설자는 역설하고 있다. 사후의 일정 기간 사자의 영혼은 이 세상을 떠나지 못하고 방황하는 기간이 있는데, 이 기간 동안 사자의 영혼이 깊은 깨달음을 얻어 윤회의 고리를 끊고 영원한 평안 속에 들게 하기 위하여 유가족과 친지들은 큰소리로 이 경전을 읽어주어야 한다고 한다. 사자의 영혼이 그 소리를 모두 들을 수 있다는 가정하에 전개되는 논리이지만, 설득력이 있는 부분이 많다고 느꼈다. 아무리 경전을 읽어주어도 사자의 영혼이 깨닫지 못하면 생전에 자신이 쌓은 업에 따라 적절한 모습으로 환생하여 다시 윤회의 고리 속으로 들어가게 되지만, 가장 중요한 것은 이 모든 것이 실체가 아닌 우리 마음속에서 일어나는 환영이라는 사실을 깨닫는 점이라고 강조한다. 삶도, 죽음도, 영혼도, 환생도 모두 우리의 마음속에 어지럽게 비치는 그림자에 불과하다는 것을 깊이 깨달으라는 가르침이었다.

며칠 계속 환자가 없어 클리닉이 조용하다. 진료실에서 한가롭게 티벳 사자의 서를 읽는다. 돌아가신지 1주기가 다가오는 아버지와 고인이 되신 이승호 선배님과 친구 김병일 선생을 비롯한 많은 분에 대한 추모의 정도 한갓 나의 뇌리에서 그려지는 환영일 수도 있다고 생각하니, 슬픔의 정서는 남아있지만, 마음이 한결 평온해 짐을 느낀다.

홍지현 추모의 정에 대하여

박달나무 단(檀)

돌감나무와 단감나무

걸음마

이헌영

· 경남 의령 출생(1942년생)
· 경남중고, 연세의대 졸업.
· 세브란스 인턴 및 정형외과 전공의 수료.
· 정형외과 전문의, 의학박사.

(前)
· 서울 해군병원 정형외과 과장
· 삼육재활병원 의료부장
· 구로구 의사회장
· 세정회 회장
· 연세의대 동창회 부회장

(現)
· 세영 정형외과 . 재활의학과의원 원장
· WELL(사랑과 빛의 샘)이사
· 키비탄 남산클럽, 생명경외클럽, 박달회 회원

(전화)	02-843-3205
(세영정형외과)	853-0101(0102), 851-5988
(H.P)	010-3484-3205
Fax	851-7171
E-mail	lhyoung11@hanmail.net (l은L의 소문자, 11은 아라비아 숫자)

Home Page ; 세영의원 www.seiyoung.net
경남고14회 카페 ; http://cafe.daum.net/kmhs14

박달나무 단(檀)

우리 배달겨레의 시조 단군(檀君)의 단(檀)은 박달나무 단(檀)을 쓴다. 배달은 박달에서 왔고 박달은 〈볽둘〉 즉 밝은 땅이라는 뜻을 가진 고어에서 유래했다고 한다. 배달겨레라는 뜻은 바로 우리가 단군의 후손이라는 뜻이다.

인터넷에서 단군설화를 검색해보니 환웅(桓雄)이 하늘나라에서 내려와 신단수(神檀樹) 아래에서 곰과 결혼하여 단군(檀君)을 낳았다는 우리 민족 탄생의 설화에 나오는 그 신단수가 박달나무라고하니 단군과 배달겨레와 박달나무는 하나의 의미로 단단히 연결되어 있다고 할까.

올해로 박달회가 의사 동인회수필집 39집을 낸다. 1973년 4월 3일 최신해, 강석영 박사를 주동으로 의사 문인 15인이 초동극장 뒤 로스구이 집에서 모여 박달회를 창립하고-소진탁-, 1974년 첫 수필집 "못 다한 말이"를 낸 후 39년이 된다. 첫 창립 멤버로는 유태연 선생님 한분만 현제 함께 활발히 작품 활동을 하시고 지금은 모두 새로운 회원으로 바뀌었다. 그래서 새로 가입하신 회원들이나 관심이 있는 분들이 박달회의 의미를 물어보실 때가 가끔 있어 "박달"의 의미를 다시 한 번 되새겨 본다.

박달회 20집 "박달 스무해"의 당시 회장 소진탁 교수님의 머리말과 유태연 창립 회원님의 "박달의 의미"라는 글에 박달회의 내력과 박달의 의미가 잘 나타나 있다. 첫 모임에서 회의 명칭을 정할 때 한글학자 최현배님의 아드님이신 정신과 의사 최신해 박사가 "박달나무처럼 단단해서 회가 오래오래 계속되도록 하자"는 뜻으로 박달회로 명명하였다고 한다.

또 유태연 박사가 김효신 신부님의 "상고연구자료집"을 읽고 쓴 〈박달의 의미〉를 요약해보면 "박달은 밝은 들이라는 의미로 배달과 같고 아사달 즉 "아침의 뜻과도 같아 태동의 의미를 내포하고 밝은 순백의 백의민족의 정신이요 상징이다. 박달회는 바로 배달민족의 건국이념에 통하는 박달에서 시작된다."고 했고 '박달회'에 보다 깊은 의미를 심어주었다.

그 후 국선도를 하면서 "밝= ᄇᆞᆰ"의 의미를 배웠고, 유석근 목사가 쓴 기독교 서적인 "또 하나의 선민 알이랑 민족" 이란 책에서도 박달의 의미를 확인하였다. 그 내용은 다음과 같다.

"〈ᄇᆞᆰ〉은 육당 최남선이 그의 명저 〈불함문화론〉 에서 강조했듯이 우리 배달겨레의 사상의 뿌리를 이루는 본원적인 말이다. 그것은 신(神)이며 신성(神聖)인 것이다. 그것은 태양이며 광명이고 생명의

원천인 것이다.

그리고 '달'은 '돌'에서 내려온 말이다. '돌'은 '아사달' 할 때의 그 '달'인데 '땅'이라는 뜻이다. 곧 양달은 양지요 음달은 음지이다.

그래서 박달은 '붉은 땅'이고 '배달'이다. '배달'이라는 말은 '붉달'에서 나왔다. 그래서 박달은 우리 배달겨레의 얼과 숨결이 서려있는 말이다." -중략-

박달나무를 인터넷 검색을 해보면 다음과 같은 글이 있다.

- 박달나무는 자작나무과(一科 Betulaceae)에 속하는 낙엽교목으로 키가 30m까지 자라고, 수피(樹皮)는 회흑색이며 작은 조각으로 되어 줄기에서 떨어진다. 줄기에 있는 피목(皮目)은 옆으로 나란히 나 있다. 잎은 어긋나고 난형이며 가운데 맥을 경계로 9~10쌍의 잎맥이 양쪽에 나란히 나 있다. 잎 가장자리에는 위로 향한 고르지 않은 톱니들이 있으며 잎자루에도 털이 있다. 〈중략〉 목질이 단단하여 특히 빨래방망이로 널리 쓰였으며, 기구 · 기계 · 조각, 기타 세공재로 많이 쓰인다. 좀이 잘 슬지 않으나 때로는 좀이 슬기도 하는데, 똑똑한 사람이 실수를 하거나 평상시 건강하던 사람이 아플 때 이를 두고 "박달나무도 좀이 슨다."고 말하기도 한다. 전국 각지의 산 중턱이나 골짜기의 흙이 많은 깊은 숲 속에서 자라며 해발 700m 되는 곳에서 많이 볼 수 있다. 흔히 입에 오르내리는 '박달재'란 충청북도 제천군 소재의 박달재 외에 박달나무가 많은 곳에 난 고갯길을

일컫는 것이기도 한다.-

그리고 팔만대장경이 박달나무나 자작나무 같은 단단한 나무로 판각되었다는 이야기도 있고 어떤 이는 박달나무를 앞에 쓴 여러 가지 이유에서 우리나라를 상징하는 대표나무로 정하자는 제안도 하고 있다.

우리 의료수필 동인회가 박달회라는 이름 하에 모인 것을 자랑스럽게 생각하며 단군의 후손으로 배달겨레의 정신을 이어받아 밝고 생명의 원천인 박달(밝은 뜰)을 향해 걸어가야 할 것 같다. 지금은 세상이 바뀌어 팔만대장경처럼 좋은 말씀을 단단한 박달나무에 새기지는 못하지만 우리 삶의 단편을 박달지에 새겨 보는 것도 의미 있는 일이라 생각해보며 박달의 의미를 처음 접하시는 분들께 박달의 의미에 대해 더욱 깊은 연구가 있기를 기대해본다.

돌감나무와 단감나무

2004년 나는 '까치밥' 이라는 수필집을 내면서 10년 전(약 1994년경) 병원 옥상정원에 심은 감나무에 대해 수필을 쓴 적이 있다. 예상외로 그 감나무는 종자가 좋아 크고 맛있는 보시감이 열렸다. 그리고 그 감나무에는 특별히 거름도 주고 잘 보살폈다. 그래서 그 감나무에 감들이 빨갛게 보기 좋게 익어 옥상정원에서 쉬고 있는 환자나 직원들을 즐겁게 해주기를 기대했다. 그러나 그 감들은 익기도 전에 환자나 이웃 주민(?)들이 하나 둘 훔쳐서 딴다. 까치밥도 남김없이 따버리니 수년전부터는 하는 수 없이 우리도 감이 완전히 익기 전에 먼저 따서 전 직원에게 나누어주고 홍시가 될 때를 기다려 먹도록 한다. 감만 따 먹으면 그래도 괜찮은 편인데 몰래 따먹으려는 사람들에 의해 감나무 가지도 수차례 꺾여 20년이나 지난 지금도 맛있는 감이 열리긴 하지만 상처를 많이 받아서인지 아직 충실하게 자라지 못하고 있다.

우리병원 남쪽 담장 옆에 약 10년 전 병원 관리하는 박 부장이 심은 감나무가 있다. 이것은 돌감나무라 "왜 종자도 알아보지 않고 저따위 감나무를 심었느냐?"고 내가 박 부장을 나무라고 천대를 했든

감나무다. 이 감나무도 감이 열리나 맛이 없어서인지 길가에 인접해 있어도 아무도 따먹지를 않는다. 나도 그 감나무나 감은 쳐다보지도 않고 잎이 다 떨어질 때까지, 까치가 다 파먹어도 보지도 않았다.

그런데 지난 겨울 우리병원 금요예배 시간에 안정자 전도사가 상기된 목소리로 설교하면서 "나는 오늘 세영정형외과에 들어서 뒷 정원에 잎이 다 떨어진 감나무에 감이 빨갛게 조롱조롱 달려있는 것을 보고 얼마나 흥분했는지 모릅니다. 그 풍성한 하나님의 은총에 절로 감탄사가 나왔습니다"라고 하면서 우리에게도 감나무를 보며 하나님의 기적을 체험해 볼 것을 권했다. 매사에 감정이 풍부한 분이지만 빨간 감들이 주렁주렁 풍성하게 달려있는 것을 본 안 전도사님의 얼굴은 참으로 흐뭇한 표정이였다. 예배가 끝난 후 나도 정원에 나가 초겨울 나목에 매달려 있는 감들을 진지하게 감상하며 그동안 내가 천대한 것을 마음속으로 사과했다.

옥상의 맛있는 감나무는 매년 초가을에 없어지고 나를 실망시키는데, 내가 천대한 남쪽 정원의 돌감나무는 추운 겨울이 될 때가지 빨간 감들이 매달려있어 많은 사람들을 즐겁게 해준다. 못난 자식이 집안을 지킨다는 옛말과 미인박명이란 고사성어(故事成語)가 실감나게 다가온다. 잘 생긴 나무는 집짓는데 쓰이기 위해 빨리 없어지고 못생긴 나무는 아무도 거들떠 보지않아 수백 년 제자리를 지키며 아름드리로 자라 새들의 보금자리도 되고 사람들의 쉼터도 제공한다는 옛말을 다시 되새기며 돌감나무에 달린 빨간 감들을 바라보며 흐뭇한 미소를 지어본다.

그리고 우리병원 마당의 단감나무와 돌감나무를 보며 나는 뜬금없이 채근담(菜根談)의 〈재산은 많을수록 쉬이 화(禍)를 초래하고, 큰 나무는 바람을 부르고, 높은 명성은 몸을 상하게 한다. 고로 존귀한 지위는 비천한 자의 근심 없는 자유로움 보다 못하다.〉란 말을 되새긴다.

걸음마

나는 아내와 함께 2011년 3월부터 국선도 봉천 수련원에 나가기 시작했다. 아내는 불면증에 좋다는 이야기를 듣고 시작했고 나는 아내의 권유와 체중 감량에 좋다는 이야기에 솔깃해 진료가 끝나고 나면 오후 7시 시작하는 도장을 향해 간다. 주 약 3회 정도를 나가 이젠 1년 반이 지났다. 도장에 오늘 처음 나온 대학생도 다리를 펴서 발목을 잡는다. 나는 1년 반이 지난 지금도 아무리 허리를 굽혀도 다리 중간에 겨우 손이 간다. 도장에 온 지 얼마 되지 않은 40대 여성도 다리를 벌리면 170도까지 벌어지는데 나는 겨우 70도까지 벌릴 수 있다. 다리를 옆으로 하고 쭈그려 앉아 다리가 있는 쪽 옆으로 허리를 굽히려 해도 뱃살 때문에 앉기조차 힘들다. 다른 수련생들은 모두들 쉽게 한다. 머리를 바닥에 대고 양손을 짚어 바닥에 삼각대를 만들고 물구나무서기를 하는 수련법이 있다. 많은 수련생들은 잘도 하는데 나는 머리만 바닥에 대고 앞으로 구부려 있기도 힘들다. 고혈압 때문에 시도하는 것도 겁이 난다.

이렇게 칠순이 되어 굳어있는 비만한 체형으로 국선도를 하려니 여간 힘든 것이 아니다. 나도 50대에는 보라매공원에서 도가양생장

수술도 약 5년 이상 수련했고 아침저녁 약 1시간의 출퇴근길을 걸어 다니는 것도 이미 십수 년이 되었는데 국선도의 기본 체형도 따라 할 수 없다. 승단을 시켜준다고 흰 띠에서 노란 줄이 쳐진 띠를 주었지만 내 몸이 따라갈 때까지 나 스스로 흰 띠를 매고 다니겠다고 고집을 부렸다. 처음 온 흰 띠를 맨 후배 수련자가 노란 줄이 있는 띠를 맨 내가 기본형태도 따라 하지 못한다면 얼마나 의아해할까 걱정도 되고 70세 이후 평생 운동으로 하려고 결심한 국선도에 좀 더 진지하게 접하고 싶어서였다. 그런데 도복을 세탁하러 집에 가져왔는데 아내가 세탁 후 내가 매던 흰 띠가 없어졌다고 하니 하는 수없이 승단한 띠를 매게 되었다. 아내가 내 고집을 꺾고 자기와 같은 띠를 매자고 나의 흰 띠를 일부러 숨겨버린 것은 아닌지 아직도 잘 모르겠다.

나는 임진년 첫 발걸음을 내디디면서 결심했다. 모든 것을 새로 시작하는 기분으로 하자. 앞의 70은 떼어버리고 돌배기 아기가 걸음마를 배우듯 국선도도 수련하고 나의 나머지 인생도 설계하자. 나는 도장에 시작 약 20분 전에 도착하기를 좋아한다. 내가 잘되지 않는 다리 펴기, 허리 펴기와 앉아서 옆으로 구부리기를 예습해보는 것이다. 몇몇 오래된 수련자들은 단전에서 뜨거운 기운이 감돈다고 하는데 나는 그러한 느낌이 잘 오질 않아 혼자서 단전호흡을 길게 하면서 열기와 둥글게 도는 느낌을 맛보려고 의념을 단전에 집중시켜본다.

임진년 정월 중순에. 아! 이게 웬일인가. 나도 앉아서 옆으로 허리

굽히기가 되는 것이다. 그리고 단전의 열기와 기가 도는 느낌이 감지되기 시작한 것이다. 돌이 된 아기가 첫 걸음마를 하면서 엄마에게 자랑하듯 넘어지면서도 또다시 일어나 한발 한발 내딛는 기분이다. 성인이면 누구나 할 수 있는 걸음마가 아기에게는 신기한 것처럼 칠순이 지나 굳어있는 내게 국선도의 기본 폼이 되는 것만 해도 내게는 대단한 기쁨인 것이다. 그 기쁨을 억누를 수 없어 사범님께 이 소식을 전했다. "사범님! 나도 걸음마를 시작했어요!" 하고 자랑하자 부부인 법사님과 사범님도 즐거운 표정으로 "다 보고 있습니다. 허리도 많이 펴졌어요." 하며 허허, 호호 웃는다.

어떤 정치인은 계급장을 떼고 정적과 붙어보자고 했는데 나는 나이 앞에 붙은 칠십을 떼어버리고 남은 인생에 도전해 보려고 하는 것이다. 나는 코미디를 별로 좋아하지 않지만, 코미디언 김병만을 무척 좋아한다. 그의 코미디는 단순히 남을 웃기기 위한 것이 아니고 그의 인생을 걸고 쟁취해나가는 진지함이 있기 때문이다. 다른 코미디언이 남들을 웃기려고 억지 행동이나 말을 할 때 김병만은 수족관에 들어가 호흡을 참는 인내를 기르는 것이다. 그는 'Kiss & Cry' 라는 김연아가 MC를 보는 프로그램에 출연하면서 처음 스케이트를 배웠다. 수없이 넘어지고 다치면서도 끝내 멋있는 연기를 보여주어 관객을 열광하게 하고 눈물 어린 흐뭇한 미소를 짓게 했다.

나도 지금부터 충실히 단전호흡을 하고, 굳어 있는 근육을 스트레칭하고 명상을 하다 보면 언젠가는 뚱뚱한 나의 체격이 날씬해지겠지. 쉽게 화를 잘 내는 나의 성격도 좀 차분해지고 딱딱하게 굳어있는 나의 관절도 좀 유연해지기를 기대한다. 오늘도 어린아이가 걸음마를 시작하는 기분으로 병원이 끝나고 나면 아내와 함께 도장으로 발걸음을 재촉한다.

"건뻬이, 건뻬이" 중국인의 손님 접대
물을 통해 감염되는 주혈흡충증과 탄자니아 아이들
온몸에 기생충이 득실거린다는 '기생충 공포증'
어머니의 치매

채종일

· 서울대학교 의과대학 졸업(1976년)
· 서울대학교 의과대학 교수(현), 의학박사

· 서울대학교 의과대학 기생충학 주임교수(역임)
· 서울대학교 BK21 인간생명과학연구단장(역임)
· 서울대학교 의학연구원 감염병연구소장(역임)
· 대한의학회 기초의학 이사(역임)
· 대한의사협회 학술이사(역임)
· 대한기생충학회 회장(역임)
· 국제열대의학연맹(IFTM) 사무총장(현)
· 세계기생충학회(WFP) 부회장(현)
· 한국건강관리협회 부회장(현)
· Korean Journal of Parasitology 편집위원장(현)
· 대한민국 의학한림원 정회원(현)
· 한국과학기술한림원 정회원(현)

· **주소** **서울시 도봉구 방학동 720-1**
대상현대아파트 205동 1203호
· **전화** 02-3491-3860,
· HP 010-6269-3318
· **이메일** cjy@snu.ac.kr

"건뻬이, 건뻬이"
중국인의 손님 접대

한중 기생충관리 국제협력사업을 하던 때(2000년대 중반) 겪은 일이다. 당시 필자는 중국 장시성(江西省)의 난창(南昌)에 위치한 장시성 기생충병연구소와 협력하여 농촌 지역 몇 곳에서 회충과 구충 등 토양-매개성 연충 감염증을 퇴치하는 일을 담당하였다. 난창 공항에 도착하여 도심 작은 호숫가에 위치한 호텔에 여장을 푼 후 연구소에 들러 업무 협의를 한 뒤 현장으로 이동하여 야외에 차려진 실험실에서 그들이 대변검사를 하는 광경을 견학, 지도하기도 하였다. 한중 사업의 전반기 5년 동안에는 우리가 직접 일을 해야 하는 경우가 많아 분주하였으나 후반부 5년은 중국 측에서 주로 실무를 진행하게 되자 우리의 가장 큰 임무는 현장을 방문, 확인하는 일이었다. 덕분에 초반과는 달리 여유를 갖게 되었고 여러 재미난 사건들도 경험하였다.

현장의 검사 수행 장면을 한두 번 확인한 후부터 우리는 그다지 할 일이 없어 주변 지역에서 관광을 하거나 여관에서 쉬는 일이 많았다. 이런 우리의 고충(?)을 알게 된 장시성의 CHG 소장은 점심 식사 때부터 '백주(빼주)'를 내놓아 우리를 자주 고주망태에 빠지게 하였다. 그런데 정작 CHG 소장 자신은 술을 잘하지 못하는 편이었다. 한두 잔 마신 후에는 어디든 드러누워 조금 눈을 붙여야만 정신이 돌아오는 그런 체질이었다. 그에 비해 필자는 권하는 술을 별로 마다하지 않았던 데다 그다지 잘 취하는 것 같지도 않아 보였는지 으레 식사 때마다 술을 내오라 하는 것이었다.

필자가 처음부터 이 일을 단호히 막았더라면 분위기가 좀 바뀌었을지도 모르겠다. 그런데 술을 거절할 기회를 몇 번이나 놓치고 말았다. 결국, 장시성에서 일주일을 지낼 경우 점심, 저녁 열네 차례의 식사에 '백주'가 한 번도 거르지 않고 등장하는 것이었다. 같은 연구소에 근무하는 LDD 연구원은 여성임에도 무척 주량이 높았다. 점심 식사 자리에서 "건뻬이, 건뻬이"를 하며 계속 마시자 하고 필자의 잔이 비기 무섭게 또 채우고는 또 "건뻬이, 건뻬이"한다. 만취상태에 도달한 필자는 식사 자리가 끝난 후 잠시 의자에 앉아 쉬다가 화장실을 다녀왔는데, 이때 야외에 마련한 실험실 옆을 지나다 깜짝 놀라고 말았다. 이 여성 연구원이 술에 많이 취했을 텐데도 멀쩡히 앉아 현미경을 보며 검사를 하고 있었기 때문이다. "와, 대단하다." 저절로 감탄사가 나왔다. CHG 소장은 옆방 소파에 곯아떨어져 자고 있었다.

다른 한 번은 회충이 유행하는 농촌의 한 마을을 방문했을 때였다. 주변 위생 상태와 화장실 구조, 쌀과 채소 재배현장 등을 견학한 후 점심시간이 다 되어 마을 한 모퉁이에서 급히 준비한 식사를 하게 되었다. 이때도 여지없이 '백주'가 등장했는데 60도가 넘는 독주 중의 독주였다. 마을 사람으로 보이는 젊은 여자 하나가 나타나 우리 일행에 대한 접대 저격수 노릇을 하였다. "건뻬이, 건뻬이" 하며 계속 마시고 웃고, 우리 잔이 비기 무섭게 또 채우고는 또 "건뻬이,

건빼이" 하는 식으로 우리 혼을 모두 빼놓으니 우리는 모두 곯아떨어지는 수밖에 없었다. 차가 난창으로 돌아가려고 출발할 때 몽롱한 상태에서 마을 사람들에게 인사를 했던 우리와는 달리 우리보다 술을 3배는 더 많이 마셨을 그 여자는 너무나 멀쩡히 서서 공손히 인사를 하여 우리 모두는 무척 놀랐다.

사실 필자는 술에 그리 강하지는 않다. 취하는 속도가 좀 느릴 뿐이다. 마시는 당일엔 좋아 보이더라도 다음 날 아침엔 괴롭다. 그런데도 CHG 소장은 필자의 주량이 무척 세다고 생각했을 것이다. 그래서인지 때와 장소를 가리지 않고 저격수를 필자에게 붙여 주었다. 혹시 필자가 나가떨어지는 광경이 보고 싶어 그랬을 수도 있었을 것이고, 아니면 중국인들은 손님을 접대할 때에는 "항상 지나치게 해야 제대로 대접한 것"이라는 믿음을 갖고 있기 때문일 수도 있었을 것이다. 요리를 시키면 조금 모자라게 하거나 딱 맞게 주문하는 일이 없다. 식사가 끝난 후에도 요리가 절반 이상은 접시에 남아 있어야만 제대로 대접한 것이라는 의식이 자리하고 있는 것이다. 술도 마찬가지다. 엄청 많이 시켜서 배불리 마시고도 술이 남아야만 접대를 잘한 것이라고 믿는다. 옛날에는 귀한 손님이 집에 오면 음식, 술, 그리고 여자를 대접했는데 자기 딸이나 부인까지도 내놓았다고 하니 중국 사람들의 손님 접대가 어떤 것인지 짐작할 수 있을 듯도 하다.

아무튼, 한중 사업이 거의 막바지에 이르렀을 무렵, 중앙대 의대의 H 교수, 한국건강관리협회(건협)의 H 과장(현재 부장)과 필자는 또 한 차례 장시성을 방문하게 되었다. 건협의 H 과장은 한중 사업의 제반 실무를 도맡아 해 왔는데 주량이 높기로도 이름난 양반이었다. 오전에 관광지를 보여준 CHG 소장은 자기 동료라는 세 사람을 우리에게 소개한 후 그들을 식사 자리에 합석시켰다. 그 자리에서 또 '백주' 파티가 벌어졌다. 그런데 그 세 사람이 모두 단수가 높은 저격수였다. 그들이 번갈아가며 "건뻬이 건뻬이"를 해대며 필자를 집중 공격하니 필자는 그 사람들 각자의 3배를 마시는 셈이었다. 도저히 안 될 것 같아 그만 하자고 했는데도 계속 공격을 해 왔다. 그때 H 과장이 필자의 잔에 남은 술을 대신 마셔 주며 그 저격수들을 막아보겠다고 나섰다. 그런데 그 세 사람은 결코 우리의 상대가 아니었다. 셋이 협동하여 H 과장에게 집중적으로 술을 먹이는데 가관이었다. 우선 잔을 맥주잔으로 바꿨다. 그리고 한 번 "건뻬이"를 할 때마다 맥주잔에 가득한 '백주'가 싹 비어 없어졌다. 점점 불안한 생각이 들기 시작했다. 그런데 이미 분위기는 걷잡을 수 없을 정도까지 진행되었다.

아니나 다를까? 얼마 후 자리에서 일어서던 H 과장이 고목나무 넘어지듯 그대로 마룻바닥에 쓰러지고 만 것이다. 일으켜 긴 의자에 눕혔다가 여관방으로 옮겼는데 주로 그 세 사람이 H 과장을 번쩍 들어 옮겼다. 술을 그렇게 많이 마셨거늘 그 세 사람은 비틀거리지도 않는 것처럼 보였다. 하지만 H 과장은 그 사람들 각자가 마신 양의 3배쯤 되는 술을 마셨을 것이다. 술에는 장사가 없다고 하지 않는가? 다음날 아침까지도 무척 고생을 많이 한 H 과장에게 필자는 미안한 마음으로 가득했고, 지금까지도 큰 빚을 지고 있는 듯하다.

물을 통해 감염되는 주혈흡충증과 탄자니아 아이들

아프리카 흑인들과 함께 사진을 찍으면 그들의 피부색이 정말 검다는 것을 실감하게 된다. 특히 어두운 장소에서 초등학교 아이들과 함께 단체 사진을 찍으면 내 주위로 하얀 눈 수십 개만 반짝이고 주위는 온통 새까맣게 보인다. 얼굴은 검지만 눈동자가 하얀 이 아이들은 참으로 순수하고 해맑다. 이런 해맑은 아이들이 온갖 전염병으로 괴로움을 당하는 것을 볼 때 마음이 찡하다.

우리 기생충 사업단(굿네이버스 지원)은 탄자니아(Tanzania)에서 10년째 주혈흡충 퇴치사업을 벌이고 있다. 주혈흡충은 혈관(장간막정맥, 방광정맥총) 속에 침입해 살면서 알을 낳고 그 알의 일부가 간에 육아종을 형성하여 간 기능을 저하시키거나 방광벽에 염증을 초래하면서 출혈을 일으키고 더 진행되면 방광암을 초래하기도 하는 무서운 흡충류이다. 탄자니아에서 살아가는 한 이 기생충으로부터 완전히 자유롭기는 어렵다. 물을 통해 감염되는데 주변이 온통 감염원으로 가득 차 있기 때문이다. 특히, 아이들은 등굣길이나 하굣길에서 얕은 개울을 건너야 하는 경우가 많은데 대부분 신발을 신지 않고 다니기에 주혈흡충에 매우 쉽게 감염된다. 소독 처리가 잘되지 않은 열악한 물을 마셔 감염되는 경우도 많다. 유행지에 따라

편차가 있지만 대략 학생들의 40%~60%가 대변이나 소변에서 양성 반응을 나타내며, 이는 세계적으로 매우 높은 감염률에 해당한다.

우리는 2003년부터 첫 5년 동안 탄자니아 전역을 이동해 다니면서 전국적인 현황을 조사하는 데 많은 시간을 할애하였다. 대상 기생충에는 주혈흡충 뿐만 아니라 사상충증, 말라리아, 장내 기생충 등도 포함되었다. 과거 노예 수출 항구로 유명했던 동해안의 소도시 탕가(Tanga) 지역은 사상충증이 가장 많은 지역이었다. 동남쪽 인도양에 위치한 잔지바(Zanzibar) 섬은 방광주혈흡충이 고도로 유행하는 지역이어서 별도의 관리사업을 마련하여 3년간 따로 활동한 일도 있었다. 나머지 지역들은 대부분 만손주혈흡충과 방광주혈흡충의 혼합 유행지이면서 사상충증, 말라리아가 일부 혼재하는 양상이었고, 장내 기생충 중에는 구충(hookworm)이 가장 중요하게 취급되는 종류였다. 후반 5년 동안에는 탄자니아 북서부에 위치한 거대한 담수호(세계에서 두 번째로 큰 담수호라 함)인 '빅토리아 호(Lake Victoria)'에서 므완자(Mwanza)시 주변과 광활한 호반 지역을 대상으로 한 주혈흡충에 대해 집중 조사를 시행하였다.

빅토리아 호는 1858년 영국인 스피크에 의해 서방세계에 널리 알려진 곳으로 명칭은 당시 영국을 통치하던 빅토리아 여왕(Queen Victoria)의 이름에서 유래되었다고 한다. 탄자니아, 케냐, 우간다 3개국이 이 호수를 공유하고 있으며, 주혈흡충의 세계적인 유행지가 이 호수 주변에 넓게 형성되어 있다. 이 호수는 해발 1,134미터의 고지대에 위치해 있으며, 호수에서 기원하여 북쪽 지중해 방향으로 나일강이 흘러가는데, 이 기나긴 나일강 유역에도 여기저기 주혈흡충 유행지가 많다. 수단의 백나일(White Nile) 유역도 주혈흡충의 농후한 유행지 중 하나이다.

우리는 후반 5년 동안 이 거대한 호수 주변을 이 잡듯이 돌아다녔다. 몇 년 동안 백 수십 개의 초등학교를 방문하여 주혈흡충은 물론 여러 기생충 검사를 해 주고 결과에 따라 약을 먹였다. 그런데 약을 먹이는 일이 결코 쉽지 않았다. 아이들을 학교에 불러 구충제를 투여하려는데 뱃속이 텅 비어 어지럽다고 하거나, 겨우 약을 먹였더니 하늘이 노랗게 보인다고 하는 아이들이 많았기 때문이다. 약을 먹은 후(원래 프라지콴텔은 식사에 관계없이 투여할 수 있음에도) 힘없이 쓰러지는 아이들까지도 있었다. 이곳에서는 학생과 교사가 모두 점심을 먹지 않는다. 처음에 우리는 왜 점심을 안 먹을까 하고 의아해 하였으나 마땅히 먹을 것이 없기 때문이라는 것을 지금은 잘 안다. 교내에도 학교 주변 지역에도 식당이라는 것이 전혀 없다. 우리도 일을 하다 보면 시간이 흘러가니 덩달아 점심을 거르는 경우가 대부분이다. 아침에 여관에서 싸온 삶은 계란 하나와 '짜파티'라는 밀가루전 한 장이 가방 속에 있지만 아이들과 교사들이 쳐다보는 가운데 음식을 먹는 것은 매우 민망하고 어려운 일이기 때문이다. 그리고 '짜파티'는 고기나 야채 같은 것이 전혀 들어가지 않은 밋밋하고 아무 맛도 없는 밀가루전임은 물론이고 오히려 작은 모래나 먼지 같은 것이 섞여 있는 경우가 많아 필자는 매우 싫어하는 편이다. 이렇듯 열악한 환경에 있는 아이들에게 약을 먹일 때는 집에서 한 끼라도 먹은 후 먹으라고 당부하면서 집으로 돌려보낸다. 아니면 학교에서 먹을 것을 조금 만들어 먹인 후에 약을 투여하기도 한다.

최근 우리 팀은 호수 안에 위치한 곳으로 인구 4만 명 정도 살고 있는 코메섬(Kome Island)을 집중 관리지역으로 선정하였다. 코메

섬에는 주로 간에 병을 일으키는 만손주혈흡충이 크게 유행하는데 매년 1~2회 섬 주민 전원에게 프라지콴텔을 반복 투여하고 보건교육을 철저히 실시하며, 깨끗한 식수 공급에 기여하고자 깊은 우물을 100개 이상 지어 주는 등의 노력을 하고 있다. 이 작은 섬 하나만이라도 주혈흡충 없는 세상으로 만들어 보려는 것이 우리의 궁극적인 목표요, 작은 꿈이다.

탄자니아에서 벌여 온 우리 팀의 10년간 활동은 철저한 분업 형태로 진행된다. 필자의 경우 초등학생들이 줄을 지어 교실로 들어오면 소변과 대변을 걷은 다음(아이들은 용기를 받은 후 1시간 이내에 소변과 대변을 모두 잘 받아온다.) 먼저 소변검사용 스틱을 이용하여 소변에 피가 나왔는지 어떤지 반응을 살펴본 다음 간과 비장이 커졌는지 만져본다. 방광주혈흡충이 많은 지역에서는 선명한 피 빛깔의 소변을 가져오는 아이들이 많다. 초등학교 5~6학년인 여학생의 경우 조기 생리현상으로 혈뇨가 보일 수도 있지만 그게 아닌 경우에는 심한 방광주혈흡충증을 앓고 있음을 의미한다. 생리현상인지 주혈흡충 감염증인지는 소변을 원심침전시킨 후 침사에서 주혈흡충 충란이 검출되는지 확인하면 감별이 가능하다. 비장이 커지고 돌처럼 딱딱하게 만져지는 아이들은 말라리아를 심하게 앓았거나 앓고 있을 가능성이 크다. 그래서 비장이 딱딱하게 만져지면 그 아이의 얼굴과 하얀 눈동자를 다시 한 번 쳐다보게 된다. 열대열 말라리아의 치사율은 어린이에서 무척 높기 때문이다.

을지의대의 M 교수와 연세의대의 Y 교수는 학부모와 일반 주민들을 대상으로 간과 비장 등에 대한 초음파검사를 해 준다. 탄자니아에서 초음파검사를 받기는 극히 어려운 일이라 주민들은 이 검사

받는 것을 매우 선호한다. 현지 의사 한 사람과 두 교수가 한팀이 되어 매우 정성스럽게 상세한 진단을 내려 주므로 초음파검사를 원하는 주민은 날이 갈수록 늘고 있다. 충북의대의 E 교수는 소변검사나 대변검사 결과를 판독하거나 현지 업무를 총괄하고 각 파트의 진행을 돕는다. 우리와 함께 일을 하는 탄자니아 국립의학연구소(NIMR) 대원들은 대변과 소변검사 표본 조작을 담당하는 한편, 해당 학교 교장 선생님이나 교사들과 함께 진료에 필요한 사항에 협력하며 이를 조율한다.

한편, 므완자에는 한국에서 파견 온 굿네이버스 직원 몇 사람이 상주하고 있으면서 우리 일을 굳건히 지원하고 도와준다. C 본부장, K 사무장, N 대원, L 대원 등이 그들인데 각자가 적절히 업무를 분담하여 우리 사업이 효율적으로 진행되도록 혼신의 노력을 다해 주고 있다. 이국땅의 열악한 환경으로 들어가 장기간 봉사를 실천하는 이들에게 진정한 경의를 표한다.

온몸에 기생충이 득실거린다는 '기생충 공포증'

기생충 공포증(parasitophobia)이란 병이 있다. 기생충에 감염되지 않은 사람이 마치 기생충에 감염된 것처럼 느끼고 괴로워하는 병이다. 노이로제나 정신질환의 한 증상처럼 나타나는 경우가 대부분이지만 드물게는 신앙심이 무척 강한 사람에서 나타나기도 한다. 이런 경우 기생충학적 검사와 상담, 그리고 정신과적인 치료가 필요하다. 필자 연구실에도 가끔 이런 환자가 찾아온다. 환자들은 대부분 "내 몸에 기생충이 득실거리니 어떻게 좀 해 달라"며 하소연하듯 찾아온다. 자신의 뇌 안에 지독한 기생충이 들어 있으니 꼭 잡아 달라든가, 밤낮을 가리지 않고 항문에서 뭐가 계속 기어 나오는데 도무지 잠을 이룰 수가 없다든가, 몸 여기저기를 급히 움직여 다니는 무슨 징그러운 벌레가 느껴지는데 어찌해야 뽑아낼 수 있는지 좀 알려 달라든가, 혓바닥에 무슨 벌레가 생겨서 혀끝에서 계속 잡힌다든가 하는 증세를 호소한다. 증세 설명만으로는 도무지 앞뒤가 맞지 않는 경우도 많고, 대부분의 경우 그렇게 이상한 기생충이 존재할 가능성이 전혀 없다.

어떤 환자들과는 한두 마디 나누는 순간 금방 알아차리게 된다. '아하, 이 환자는……. 그런 병을 가진 사람인가 보다.' 불쑥 필자의 방에 들어와 증상을 호소하는 환자들을 만나면 그런 내색을 하지 않고 일단 여러 가지 검사를 해보자고 권한다. 그리고 실제로 검사를 시행한다. 검사를 하지 않고는 환자를 납득시키고, 안심시킬 수가 없기 때문이다. 검사결과를 보여주며 환자가 정상적인 상태임을 확인시키는 편이 환자 치료에 훨씬 유리하다.

한 번은 아주 멀쩡한 청년 한 사람이 찾아왔다. 신문, 방송 기사와 인터넷을 뒤져 보니 피부 속을 기어 다니는 기생충이 있다고 하는데(유충 피부이행증으로 스파르가눔이나 유극악구충 감염 시 이런 일이 일어난다), 자신이 그런 기생충을 가지고 있는 것 같다는 것이었다. 그런데 이상한 건 그 기생충이 자신이 무슨 걱정이나 고민스러운 일이 있을 때마다 나타나 몸속을 기어 다닌다는 것이다. 어디를 어떻게 기어 다니는지 물어보니 머리끝에서 발끝까지 빠른 속도로 옮겨 다닌다고 한다. 뱀을 덜 익혀 먹었을 때 감염되는 스파르가눔 같은 기생충은 피하조직을 이행할 수는 있으나 그 이행속도는 하루 몇 mm 정도에 불과하다. 머리끝에서 발끝까지 빠르게 옮겨 다니는 일은 결코 불가능하다. 그런 기생충이 있을 리가 없어 "아마 신경이 예민하여 그렇게 느낄 뿐이지 기생충이 아닐 것입니다."라고 했더니 하는 수 없다는 듯 무척 실망하는 표정으로 돌아갔다.

그런데 바로 다음 날 이 청년이 또 나타났다. 이번에는 복도에서 서성거리고만 있는 것이 아닌가? "웬일이냐?"고 물었더니 우물쭈물하며 "제 생각에는 꼭 기생충 같으니 제발 검사 좀 받게 해 줄 수 없을까요?" 하는 것이었다. '아차!' 하고 '이 사람이 강박 신경증 같은 병이 있는 모양이다.' 라고 생각한 후 실험실로 데리고 갔다. 며칠 동안 대변검사는 물론이고 여러 가지 기생충에 대한 항체검사

(ELISA)까지 모두 해 주었는데 죄다 음성으로 나왔다. 그럼에도 그 청년은 좀처럼 그 결과를 그대로 믿으려 하지 않았다. 검사를 정확히 했느냐, 놓칠 확률은 얼마나 되느냐 등등. 계속 질문을 해댔다. 강박 신경증 환자는 방문 열쇠 한 개만으로는 결코 안심하지 못하며, 자물쇠를 몇 개씩 달아 놓아야 하고 그렇게 해도 마음을 편히 하지 못한다고 한다.

과연 일주일 후에 이 청년이 또 나타났다. 또다시 정밀검사를 해달라는 것이다. 한 번 더 검사해 주었고, 이번에는 본인이 직접 검사의 전 과정을 지켜보게 했다. 그렇게 해서 나온 음성의 결과를 필자의 소견서와 함께 동봉하여 동료 정신과 의사에게 보냈는데 그 후 그 청년의 문제가 잘 해결되었다고 한다.

더 심한 환자도 간혹 있다. 혓바닥에서 기생충이 나온다고 했던 환자가 있는데 그의 종교가 무엇인지 알 수 없으나 "신이 저에게 벌을 내리면 갑자기 머리를 얻어맞은 것처럼 아프고 잠시 후에는 기생충이 혓바닥으로 기어 나온다."고 하였다. 그러면서 계속 자기 몸에 우글거리는 기생충을 모두 약으로 죽여 버려야 한다고 강조하였다. 시중에서 파는 구충제를 열 번도 더 먹었는데 좋아지지 않는다는 말도 했다. 그 "기생충"이란 걸 보여줄 수 있냐고 했더니 몇 차례 가져왔다(이런 환자는 이제 그만 오라고 해도 본인이 수긍할 때까지 찾아온다). 그건 기생충이 아니라 음식 찌꺼기 아니면 혓바닥 상피조직의 일부였다. 이 환자도 동료 정신과 의사에게 보낸 후에야 문제가 잘 해결되었다.

어떤 여성 환자는 사랑의 감정이 없는 상태에서 같은 과 선배에게 몸을 허락한 후 자기 몸에 기생충이 들어와 아무리 약을 먹어도 없어지지 않는다고 괴로워하며 계속 찾아온 경우도 있다. 인터넷을 통해 질편모충(질트리코모나스)이라는 기생충이 성관계를 통해 전염된다는 사실을 공부한 후에 찾아온 것이다. 그러나 질편모충은 몸속을 옮겨 다니는 기생충(스파르가눔 등 연충류)과는 크게 다르다. 원치 않은 행위였기에, 그것에 대해 기생충이 자기 몸속으로 들어온 것처럼 느꼈기 때문일 것이다.

기생충 공포증 환자들은 "기생충"을 의학적 정의에 따른 병원체나 생물체로 인식하는 것이 아니라 혐오스러운 기운이나 느낌, 물체 같은 것을 기생충이라고 표현하는 것이다. 스트레스나 강박감, 부끄러움, 죄의식 등 이런 정신적 요소들이 신체 증상으로 표현되는 것으로 이른바 정신-신체장애(psychosomatic disorder)의 한 유형이다. 이런 환자들은 인터넷을 뒤져 자신의 증상과 비슷한 기생충 질환이 검색되면 우선 내과, 피부과, 신경과 등을 찾아가 진료를 받는다. CT, MRI까지 다 하고도 별다른 소견이 없을 경우 결국 필자와 같은 기생충 전문가를 찾아온다. 필자는 이런 환자들에 대해 많은 연민을 느끼지만 별로 반갑지는 않다.

어머니의 치매

우리 어머니는 이제 치매 증세가 아주 심하시다. 우리 나이로 여든넷이 되셨는데 신체는 대략 건강하신 편이지만 며느리들이나 친구, 동서조차도 못 알아보실 때가 많다. 오늘이 무슨 날인지도 모르시고 식사 마치신지 얼마 안 되었어도 식사를 하셨는지 정확한 기억을 못 하신다. 우리 내외가 15년 동안 모셨는데 얼마 전 동네 건널목에서 넘어져 머리를 조금 다치신 후부터는 집 근처 요양병원에서 간병인을 두고 모시게 되었다. 아내가 일주일에 두 번씩 잡수실 것들을 마련하여 열심히 면회를 다닌다.

어머니를 생각하면 참으로 안타깝고 한이 많이 남는다. 꼭 이십년 전이었나 보다. 아버지가 돌아가시고 예순넷에 홀로 되신 어머니는 부산의 사시던 집(지금은 남동생의 집)에서 지내시길 원하셨다. 한동안 친구들도 자주 만나시고 작은아들-며느리 시중을 받으며 잘 지내셨다. 부산의 막내딸 집에도 자주 들르셨고, 손자들을 돌보시느라 그런대로 바쁘고도 행복하게 지내셨던 것 같다. 그러던 어머니께서 몇 년이 지난 어느 날 갑자기 옷 보퉁이를 꾸려 가지고 우리 집(당시 목동 거주)으로 올라오신 것이다. 전에도 일 년에 두세 번은 서울에 오셨었기에 우리 부부는 이번에도 그런 방문인 줄로만 알았다.

그런데 어머니는 "이젠 부산에는 안 갈란다." 하시며 짐을 풀어놓고는 넋두리부터 하시는 게 아닌가?

작은아들과 제수씨에 대해 불평이 많으셨다. 제수씨가 아침에 밥도 안 차려 주고 마실을 가버려 굶으셨다는 둥, 새벽부터 집을 나와 용두산 공원을 헤매고 다니셨다는 둥, 어머니 신발이 다 해져도 아들-며느리가 안 사 준다는 둥, 도무지 이해가 가지 않는 말을 계속하셨다. '이제 우리 집에서 살고 싶은 생각에 좀 과장해서 하는 말씀인가 보다.' 생각을 하다가도 하도 같은 말씀을 반복하시니 점점 그게 사실인 것처럼 느껴졌고 동생과 제수씨가 무척 원망스러워지기까지 했다. 어머니가 치매를 앓으신다는 건 그때는 상상조차 하지 못했다.

우리 어머니는 젊으셨을 때만 해도 '법 없어도 사실 양반' 이셨다. 이웃이나 친척에게도 참 친절하게 잘하셨고, 불편함을 느끼시면 속으로만 꿍하고 잘 삭혀 내는 분이셨다. 어머니는 나를 각별히 사랑하셨고 나도 어릴 적부터 어머니를 잘 모시리라 자주 결심했다. 며느리들이 생기고 딸 둘이 시집을 간 후에도 어머니의 후덕함은 계속되었고 며느리들에게도 무척 잘 해주는 좋은 시어머니셨다. 그런데 아버지가 돌아가신 후부터는 어머니가 조금씩 변하시기 시작했다. 혹시 치매가 시작되어 그러셨는지도 모르겠다.

'내 아들, 딸이 항상 옳고 착하다' 는 생각을 너무 강렬하게 하셨고(물론 남동생, 큰누이, 작은 누이 부부는 모두 '법 없어도 살' 무척 좋은 사람들이다), 며느리들이 사소한 잘못을 조금만 하거나 딸들과 며느리 사이에 약간의 의견 충돌이라도 생기면 여지없이 딸의 편에 서셨다. 아들-며느리 집에 살면 가끔은 며느리 편에 서시기도 하고 특별히 더 잘해 주셔야 한다는 지혜를 그리 능숙하게 발휘하진 못하신 듯하다. 아무튼, 우리 부부와 서울 큰누이 부부는 20년 동안 서로 가까이에 살면서 자주 만났고, 여행도 가고 골프를 함께 치러 다니기도 했다.

그랬던 우리 부부와 큰 누이 부부는 어머니의 치매 때문에 그만 거북한 사이가 되고 말았다. 몇 년 전 어머니께서 우리 집에서 아침 식사를 하신 후 동네 노인정에 나가셨다가 아침부터 친구들과 어울려 곧바로 김밥집에 가신 것이었다. 그때 마침 큰누이가 어머니께 전화를 드렸는데(어머니는 핸드폰을 갖고 계셨다) 어머니가 그만 "아침을 안 먹고 나와서 지금 여기서 아침을 먹고 있다"고 대답하신 것이다. 큰누이는 그만 열불이 나서 발끈하며 내게로 전화를 했다. 다짜고짜 "어머니께 아침 식사도 안 드리고 밖으로 쫓아냈나요?" 하며 고래고래 고함을 치는 게 아닌가? 아내에게도 엄청난 비난을 퍼부으면서. 그 일은 생각하기조차 싫은 기억이 되어 버렸다. 그 일 뿐만이 아니었다. 누이가 간혹 "어머니 요즈음 어떻게 지내세요?" 하고 전화를 드리면 "응, 난 잘 지낸다." 하시면서도 자주 훌쩍거리셨다. 어머니가 서러워 우시는 것으로 생각했을 누이는 결코 속내가 편치는 않았을 것이다. 그러다가 올케와 전화가 연결되면 "언니는 엄마한테 왜 잘 안 해드리느냐?", "왜 구박하느냐?" 등등 올케의 마음을 발칵 뒤집어 놓았다.

어머니께서 결코 이런 결과를 원하지는 않으셨을 게다. 그럼에도 본의 아니게 아들, 딸, 며느리 모두를 힘들게 하고 사이를 갈라놓으셨다. 돌이켜 생각해 보면 부산에서 남동생 부부가 겪었을 어려움도 눈에 선하다. 치매가 뭔지……. 왜 이렇게 가정과 가족을 파괴하고 주변의 모든 이들을 어렵게만 하는 건지 도무지 답답하고 안타깝기만 하다.

어머니의 치매 증상은 9년 전쯤 서울대학교병원에서 상세한 진단을 받았다. 그때 이미 많이 진행된 상태라는 진단이 나왔다. 진단을 받기 전까지는 좀 이상하다고만 생각했지 진행된 치매라고까지는 생각하지 않았다. 치매 진행을 지연시키는 약을 처방받아 지금까지 꾸준히 사용하고 있는데 그래서인지 투약 후부터는 진행 속도가 그리 빠르지는 않았다. 다만, 금년에 들어서는 우울증과 치매가 동반되고 청력마저 떨어져 어머니와 대화하는 것조차 무척 어려워졌다. 보청기를 착용하도록 해 드려도 귀찮아하시며 훌쩍 벗어던지신다. 최근 들어 점점 대소변을 가리지 못하신다는 간병인의 말을 들으니 눈앞이 막막해지는 것 같다.

어머니께서는 5~6년 전까지만 해도 우리 집 현관문 비밀번호를 잘 기억하고 계셔서 스스로 문을 따고 들어오시고 외출하시기도 했다. 그런데 어느 날 갑자기 어머니께서 그 비밀번호 기억을 하지 못하시는 상황이 발생하였다. 그날 집으로 돌아오신 어머니께서 우리 집 현관문 앞에 털썩 주저앉으셔서 식구들이 돌아올 때까지 마냥 기다리시는 사태가 벌어진 것이다(어머니는 핸드폰을 받기만 하시고 거는 방법은 모르셨다). 그 후부터는 작은 카드키 하나를 어머니 핸드폰에 매달아 드려 현관문에 갖다 대기만 하면 문이 열리도록 해 드렸다. 이 방법 덕분에 어머니는 한동안 자유롭게 동네 노인정을 다녀오시고 생활하시는데 큰 문제가 없으셨다.

그런데 이번에는 저녁 식사 후 밤 열 시가 넘은 시간인데 작은 보퉁이를 싸서 안고는 현관문을 나서시는 어머니를 아내가 발견한 것이다. '어머니 어디를 가세요?' 하니 '우리 집에 간다.' 고 하셨다. 기가 막혀서 '어머니 집이 여긴데 어딜 가신다는 거예요?' 하니 아무튼 집으로 가신다는 거였다. 치매 노인들이 집을 나와 길거리를 배회하는 경우가 많다는 것은 여러 번 들었던 터였다. 어머니 방으로 들어가시게 하고 안방으로 건너온 나와 아내는 잠시 후 또다시 현관에 문소리가 나는 것을 어렴풋이 느꼈다. 급히 나가보니 어머니가 또다시 그 보퉁이를 안고는 바깥 복도 엘리베이터 앞에 서 계신게 아닌가? 그날 우리 부부는 어머니께서 집을 나가실까봐 도무지 잠을 이룰 수가 없었고 이 일은 그 후에도 여러 번 계속되었다. 요양병원에 계신 지금도 가끔 밤에 '집에 간다'며 병원을 나서려고 하신다니 참으로 어려운 일이다.

나는 여러모로 어머니를 많이 닮았다고 한다. 혈압 높은 것도 어머니와 꼭 닮았다. 지금의 어머니를 보면 20년 후의 나를 보는 듯해서 무척 마음이 무겁다. 열심히 두뇌 쓰는 훈련을 계속한다면 정말 이런 병을 예방할 수는 있는 걸까? 요즈음 옆 사무실에 갔다가 왜 왔는지 까맣게 잊고 어리둥절해하다가 도로 내 방으로 돌아가면 그제야 생각나는 일이 잦아졌다. 사람 이름을 몇 번씩 외워도 금방 다 까먹는다. 혹시 내가 벌써 그 몹쓸 치매에 걸려 있는 건 아닐까?

개인의 육체는 사회를 반영한다-시와 소설 속 비만

고 선생님과 수필

용龍의 후회

포괄[포:괄]

유 형 준

· 한림의대 교수, 강남성심병원 내분비대사내과 교수
· 수필가, 시인(필명 유담)

· 서울의대, 대학원 (의학박사)
· 서울대병원 내분비 대사 내과 (전문의)
· 덴마크 Hagedorn 당뇨병연구소, 동경대 노년병학교실 연구교수
· 대한비만학회 회장
· 대한노인병학회 회장
· 대한영양의학회 회장
· 대한의료커뮤니케이션학회 회장

· 대한당뇨병학회 회장(현)
· 2013세계 노인의학 대회 조직위원회 학술위원장(현)
· 문학의학회 부회장(현)
· 서울의대 동창회 간행이사(현)
· 박달회 회장(현)
· 문학예술 동인회 회장(현)
· 쉼표문학회 고문(현)
· 돈암감리교회 장로

저서
· 당뇨병 연구, 노인병학 외, 시문집 '가라 앉지 못한 말들', '그리운 암각화' 외

개인의 육체는 사회를 반영한다
시와 소설 속 비만

비만의 사전적 정의는 '살이 쪄서 몸이 뚱뚱함'이다. 여기서 '뚱뚱'은 '살이 쪄서 몸이 옆으로 퍼진 모양'이다. 비만의 가장 두드러진 외형에 정의를 두고 있다. 그러나 비만은 체중, 체질량지수, 허리둘레 등의 모양뿐만이 아니라 사회문화적 형편에 의해서도 큰 영향을 받는다. 뉴기니아의 돼지 숭배, 유대인들의 돼지혐오 관습 등과 같이 뚱뚱한 동물의 대표격인 돼지에 대한 관념은 극과 극일 수 있다. 우리나라에서도 돼지는 다양한 상징을 지니고 있다. 제물로 쓰이는 돼지머리와 같이 신성(神聖)이나 재복(財福)의 풍요에서 탐욕, 게으름, 지저분함을 의미하기도 한다. 심심치 않은 구제역 발생은 돼지의 상징을 좀 더 부정적으로 유도하기도 한다. 돼지 전체의 상징성과 달리 돼지의 먹을거리 부위인 삼겹살은 거의 다 긍정적이다. 여럿이 부대끼듯 한데 어울릴 수 있는 서민성(庶民性)은 세 층이 함께 한 덩어리를 이루고 쌈, 고추장 등이 더 보태져 어울리고 육질이 부드럽고, 구수하고 3이란 숫자가 완전수이기 때문이 아닌가 생각한다.

이와 같은 사회문화적 체험 또는 사회문화 자체를 언어로 표현하는 예술의 한 갈래가 문학이다. 문학은 생각, 관념, 느낌 등을 문자언어로 상징화한다. 예를 들면 '비만' 이란 언어는 비만이 아니라 단지 '비만' 이라는 관념을 표현한다. 상징은 대개 본디 이미지보다 확산된 의미를 지니는 경우가 많다. 예를 들면 책상은 가구만의 의미가 아니라 공부하는 장소, 공부 그 자체 등의 의미를 지니게 된다. 마치 비만학자, 비만의사들에게 '비만' 이 지방과 축적에 보태어 심혈관 질환, 대사증후군 등의 이른바 임상적, 비만학적 의미를 갖는 것과 같다. 사회문화와 깊은 연관이 있는 비만을 문학의 주요 장르인 詩와 소설이 어떻게 담아내고 있는가를 살피는 일은 비만을 이해하는데 흥미로운 도움을 줄 것이다.

'땅딸막한 몸은 몽실몽실 비계살이 쪄서 전신이 동글동글했다. 손가락도 살이 쪄서 마디진 곳은 짧은 소시지를 염주같이 엮은 것 같았다. 살갗은 반들반들 윤이 나고, 유방이 커서 옷이 찢어질 것만 같았다. 그래도 매력적인 것은 그 싱싱한 피부색이 보기에 쾌감을 주기 때문이리라'

모파상의 처녀작인 '비계덩어리' 의 주인공인 불 드 쉬프는 비계덩어리를 연상케 하는 육감적이고 뚱뚱한 창녀이다. 모파상은 비만한 외모에 대한 빈틈없는 묘사를 통하여 육체적 욕망의 자극 유발체로 그리고 있다. 동시에 모파상은 이기심과 위선에 가득 찬 주위 군상들과 달리 이타적이고 자기 희생적 인물의 외형을 비만으로 설정하였다.

한편, 소설가 은희경은 '아름다움이 나를 멸시한다' 에서 '요즘은 뚱뚱한 사람을 단순히 둔감하고 무신경하게 보는 데에서 그치질 않는다. 게으르고 절제심이 없으며 자기관리를 하지 않는 무능한 사람으로 취급한다. ---- 나의 성적 기능이 시원치 않을지 모른다' 는 판단 아래 '거대한 몸집'을 '저 거대한 고독의 슬픈 은유'라 표현하고 있다. '거대한 고독에서 벗어나기 위해' 시도하는 '다이어트가 어려운 것은 몸속에 장착된 수백만 년이나 된 생존본능 시스템과 싸워야 하기 때문'이라며 비만의 인류학적, 역사적, 사회문화적 인식을 길게 들추어내며 '완강한 시스템'의 견고함을 강조하고 있다. 비만을 단순히 살이 찌는 현상이 아니라 인류 시초부터 완강함을 다져온 계통적 조직으로 정의하고 있다.

은희경이 소설에서 비만을 거대하고 강력한 조직으로 규정한 것과 비슷하게 박찬일 시인은 산문시 '뚱뚱한 것의 힘'에서 '큰 것, 힘, 권력' 그리고 그것에 의한 체계 또는 구조의 재편성을 비만을 들어 표현하고 있다. '보통 지하철 좌석 한 줄에는 7명이 앉는다. 뚱뚱한 사람이 하나 앉으면 6명만 앉게 되거나 7명이 매우 좁게 앉는다. - 中略 - 뚱뚱한 사람 하나가 좌석의 지형도를 결정하고 여러 사람의 앉을까 말까 하는 순간 심리에 개입한다고 생각하니 뚱뚱한 것이 대단하다는 생각이 든다. 그리고 어느 누구도 뚱뚱함을 욕하지 않고 뚱뚱한 것을 환경으로 받아들이고 있다. 그리고 한 줄에 6명만 앉게 될 경우 다른 5명의 사람들은 뚱뚱한 사람 때문에 조금 편하게 가고,

핑크색 블라우스를 입은 안드레
르누아르(Renoir)작

한 줄에 7명까지 앉을 경우 다른 6명의 사람들은 뚱뚱한 사람 때문에 불편하게 가는 것도 당연하게 생각한다.'

시인은 비만은 강력한 힘이지만 억압하는 시스템이 아니라 받아들여야 할 불편 정도로 순응하려 한다-혹시 체념인지 분명치 않으나-. 르누아르(Renoir)의 '핑크색 블라우스를 입은 안드레'[그림]를 감상하며 발표한 유담(柳潭) 시인의 시 속에도 이와 같은 타협적 적응 대상으로서의 비만을 읊고 있다.

'눈까지 부으면 안 돼요//눈은 그대로/색깔이 붓고/선이 붓고//얼마나 불어야/가득해질 수 있는지요//색깔이 부풀어/혹은 선이 시들어/그날 마주하던 그대의 두 뺨//선이 굵어지고/색이 가물어/그날 흐르던 그대의 눈물/눈물 감추던 하얀 손가락//동공에 잠기든/눈꺼풀에 잠기든//눈까지 붓지는 마세요/눈은 그대로/어디까지 불어나야 하는지요' - ('르누아르 불리기')

문학 속의 비만을 부정적인 것과 긍정적인 것으로 양분하는 것은 적절하지 않다. 긍정은 부정을 부정은 긍정을 동반하거나 아니면 적어도 품으려는 경우가 거의 대부분이기 때문이다. 이는 말랐으나 미인인 조비연(趙飛燕)과 뚱뚱하지만 미인인 양귀비를 각각 날씬한 미인의 대명사로 임풍양류(臨風楊柳)형 미인, 풍만한 미인의 대명사로 부귀모란(富貴牡丹)형 미인이라고 설정하는 것과 같다. 단지 분명한 것은 비만은 개개인의 허리둘레 등과 같은 몇 가지 수치에 매인 것이 아니라 당대의 문화와 밀접한 관련을 맺고 있으며 그러한 상황을 언어로 표현하는 문학 속에 상당 부분 녹아들어 있다는 점이다. '한 개인의 육체는 사회적 육체의 불안을 반영한다.' 는 더글라스(Douglas)의 말처럼.

고 선생님과 수필

고 선생님의 정년 퇴임을 기리며 수필을 쓰려 하니 고 선생님의 폭넓고 속 깊은 의사로서, 교육자로서, 연구자로서, 더구나 질박한 한 인간으로서 지금까지 지내 오신 생활 그 자체가 수필이 아닌가 여겨진다. 이렇게 여겨지는 것은 선생님께서 쓰신 수필을 여러 편 읽은 탓이 아니다. 선생님과 문학을 화제 삼아 늦밤을 새운 적이 있는 것은 더구나 아니다. 굳이 이유를 든다면 '수필은 자연과 인간의 단층을 심판하면서 사색하고 비판하여 자기의 독자적 철학을 사람에게 제시하여야 한다'는 월탄 박종화의 수필론을 겉으로나마 알고 있던 터 일 게다.

수필은 영어로 'essay'인데 'essay'의 어원은 'assay'이다. 분석이라는 뜻이다. 어떤 소재나 느낌을 철저한 분석 과정을 거쳐 나누고 가르고 재구성하여 글로 써내야 하는 것이 수필이기에 붙여진 이름이 'essay'인 것이다. '붓 가는 대로'가 아니라 '분석의 결과대로 붓이 가게 하는' 글이 바로 참수필인 것이다. 고 선생님께서 갑상선학을 비롯한 여러 분야의 학문과 연구에서 누구도 흉내 낼 수 없을 만큼 토대를 다지고 초석을 세우실 수 있었던 것은 뜻 가는 대로 마음 가는 대로가 아닌 철저한 분석과 절제를 거친 뒤에 나오는 일거수일

투족의 결과임을 누가 부인할 것인가. 바로 수필이다.

글 쓰는 동료끼리 만나면 다소 즐거운 표현으로 '시는 시시한 이들이, 소설은 소소한 이들이, 그리고 수필은 수수한 이들이 쓴다'며 장르별로 스스로 만족한다. 시시한 이든 소소한 이든 수수한 이든 어느 형용사를 붙인 삶이든 각각의 가치가 있을진대, 고 선생님을 표현하는 가장 걸맞은 것은 역시 수수한 것임이 틀림없다. 길어야 성에 차는 소설의 장황함과는 거리가 멀고 할 말 있어도 속뜻 내세운다며 공연히 뚱한 시와는 더더욱 낯설다는 것은 고 선생님의 알맞게 길거나 짧은 수필 같은 이야기 솜씨를 접하고 나면 이내 알 수가 있다. 수수한 고 선생님이 일구어 온 삶이 밖으로 튀어나지 않으면서 적당한 사설의 길이로 알차기 그지없으니 바로 수필이 아니고 무엇인가.

수필은 정형화된 틀을 거부하며 조리와 정돈을 생명으로 하는 속성을 지니고 있다. 잘 쓰여진 한 편의 수필을 대하고 나면 흐리던 머릿속이 가슴의 박동에 맞추어 맑아지는 것은 바로 수필의 이러한 특성 때문이다. 고 선생님의 일상을 잠깐이라도 함께 하면 그 속에 수필의 본성이 있음을 발견한다. 어느 한낮 어쩌면 무례하게 불쑥 찾아온 제자에게 라면 한 봉지를 정성스레 끓여 내오시며 자신의 아집은 쏙 빼시고 넉넉한 여유로 현실에서 미래로의 행보를 정리해 주시던 그 모습은 일상 속의 수필이 아닐런가.

어느새 정년 퇴임. 세월이 내세우는 잣대를 마다할 수 없지만, 선생님의 마음이며 일상의 수필마저도 정년 퇴임일 리 없다. 외려 이제는 큰일 이루시고 조금이나마 짐을 내려놓으신 폭이어서 수필은 선생님을 더 닮아 갈 것이 분명하다. 피천득 교수의 말대로 '수필은 마음의 산책(散策)이요, 번쩍거리지 않는 바탕에 약간의 무늬가 있는 비단이요, 방향(芳香)을 갖는 차(茶)이며, 자기를 솔직히 나타내며 마음의 여유를 필요로 하는 글' 이기에 수필은 선생님을 더욱더 닮으려 할 것이다.

선생님의 정년 퇴임에 즈음하여 더욱 건강하심을 기원하며, 1997년 6월 16일 (함춘내과誌)
〈2012년 8월 6일 오전 8시 40분, 고창순 선생님은 향년 80세로 산책가시듯 소천(召天)하셨다.〉

용龍의 후회

기대수명이 꾸준히 늘어 우리나라 남성의 평균은 77.2년, 여성은 84.1년이다. 요즈음 태어나는 아기는 80.8년을 살 것으로 예측된다. 이처럼 수명이 늘어나면서 '호모 헌드레드(Homo Hundred)'라는 말도 생겨났다. 우리나라도 2020년쯤이면 최빈사망연령[사망자가 가장 많은 연령]이 90세가 되는 100세 시대가 도래한다. 육칠십 세는 노인 축에 끼기도 어색한 세상으로 달려가고 있다. 참으로 변하고 있다. 바로 가장 극명한 뉴노멀(new normal)의 한 예다. 세계 최대 펀드운용회사 '핌코(PIMCO)'의 최고경영자 무하마드 앨 에리언(Mohamed El Erian)이 그의 저서 '새로운 부의 탄생'에서 처음 제시한 말이 이제는 거의 모든 영역에서 쓰이고 있다.

첫날이다. 새로운 각오로 목표를 향해 출발한다. 의료계도 뉴노멀에 적응하기 위해 여러 분야에서 최고를 향해 최선을 다짐하는 개인적, 집단적 결의가 활기차다. 연구 목표, 진료 목표, 교육 목표 등이 구체적 숫자로 달성을 위한 시동을 걸고 있다.

목표 도달을 뒷받침하는 것은 자신의 능력과 노력만은 아니다. 사회 경제 전반의 환경적 배경도 중요하다. 따라서 전체적 전망에 관심을 기울이게 된다. 서로 다투어 이런저런 전망을 내어 놓고 있지만 어차피 예측일 뿐이다. 그렇다, 환경은 나와 우리의 의지가 크게 영향을 미치기 수월하지 않다. 의지를 듬뿍 담아 목표 획득에 몰두하면 상대적으로 보다 진지한 효과를 보탠다는 것은 당연한 일이다. 누구나 알고 있듯이 의지는 우리의 마음 자세와 상태에 따라 좌우된다. 그렇다면 올드 노멀(old normal)을 팽개치고 위만 바라보고 뛰고 달리고 심지어 날아간다고 뉴노멀에 닿는 것인가.

용은 색깔, 비늘의 방향 등으로 구별되기도 하는데 여기선 위치와 상태에 따라 나누어 본다. 아직 하늘에 오르지 않고 물속에 숨어 있는 잠룡(潛龍)으로 왕위를 잠시 피해 숨어 지내는 임금이나 기회를 아직 얻지 못하고 묻혀 있는 영웅을 비유적으로 이른다. 물 밖으로 몸을 드러내면 현룡(顯龍)이라 한다. 하늘을 향한 비상의 준비 단계다. 드디어 하늘을 향해 날아오르면 비룡(飛龍)이다. 고전에선 성인이나 영웅이 천자(天子)의 지위에 있음을 비유적으로 이르는 말이다. 아직 오르는 과정에 있는 것으로 능력과 권세가 활발히 넘치고 세상 두려운 게 없어 겸손하기가 지독히 어려운 상태다. 이 상태에서 실수도 좌절도 겪으면서 최고조에 달한 힘과 능력이 차차 빠짐과 동시에 더 이상 이를 데가 없다는 서운함을 느끼면서 자기신화(自己神話)가 야금야금 낡아감을 깨닫게 되는 항룡(亢龍)이 된다. 항룡은 하늘 끝까지 올라간 용이란 뜻이다. 더 이상 올라갈 곳이 없으니 어쩔 수 없이 강룡(降龍)을 생각하지 않을 수 없다. 그 심정을 항룡유회(亢龍有悔)라 한다. 글자 그대로 풀면 하늘에 오른 용은 뉘우침이 있다는 뜻으로 하늘 끝까지 올라간 용은 더 올라갈 데가 없어 다시 내려올 수밖에 없음을 알고 준비해야 함을 경고하고 있다. 부귀영화가 극에 달하면 몰락할 위험이 있음을 경계하는 말이기도 하다. 끝까지 올라가면 후회를 하며 내려갈 준비를 해야 순리다. 후회도 않고 내려올 생각도 않으면 머지않아 더 큰 후회를 한다. 극히 존귀한 지위에 올라간 자가 겸손히 은퇴할 줄 모르면 반드시 허망을 느낀다. 더 강하게 이르면 적당한 곳에서 만족할 줄 모르고 스스로 도취하여 무작정 밀고 나가다가 도리어 실패를 당하게 된다. 따라서 지나치지 말고 겸손하게 만족할 줄 알아야 하며 그렇지 않으면 돌이킬 수 없게 후회할 일이 생긴다는 말이다. 결국, 항룡유회는 겸손자중(謙遜自重)과 같은 말이라 해도 지나치지 않는다.

더러 겸손을 자기를 낮추는 것이라고 한다. 틀린 말은 아니다. 그러나 온전한 겸손은 남을 존중하는 마음이 함께 하여야 한다. 성 토마스(St. Thomas)의 견해까지 섞어 다듬으면 '겸손은 나의 능력을 넘어서는 것을 향한 비정상적인 야망을 절제할 줄 알고 남의 능력을 높이어 중하게 여기는 마음이나 기질이다.'

뉴노멀은 튼튼한 노멀을 기초로 한다. 노멀이 아닌데 뉴노멀이 될까. 아니다. 뉴어브노멀(new abnormal)이 번성할 뿐이다. 튼튼한 노멀을 끊임없이 다져주는 소중한 하나는 순전한 겸손이다. 후회할 수 있음을 미리 깨우치는 항룡의 겸손이 진정한 뉴노멀 달성의 한 바탕이다.

포괄[포:괄]

세상은 온통 '위로'와 '청춘'과 '치유'와 '대선'이란 말머리로 가득한데 의료계는 '포괄'이 해를 띄우고 달을 올린다. 문법상으로 일정한 뜻과 구실을 가지는 말의 최소 단위가 낱말일진데, 포괄이란 낱말은 무슨 뜻과 구실을 지니고 있기에 여기 이처럼 가득한가?

포괄은 한자로 쌀 또는 꾸러미 포(包), 묶을 괄(括)이다. 포는 물건을 싼 모양 또는, 태아의 모양을 본뜬 상형문자이고, 괄은 뜻을 나타내는 손 모양의 재방변(?)부와 소리를 나타내는 동시에 졸라맴을 뜻하는 설(舌)로 이루어진다. 한자의 새김대로 일정한 대상이나 현상 따위를 어떤 범위나 한계 안에 휩쓸어 끌어넣는 또는 그런 것을 의미하며, 영어로는 형용사인 경우엔 흔히 comprehensive, inclusive, 명사는 comprehension, inclusion, 동사는 include, cover, embrace 등이다.

그렇다면 이러한 뜻을 지닌 사전 속의 포괄은 사전 밖 세상 속에서 실제론 어떻게 뜻을 드러내고 활동하고 있나. 몇 가지 예를 들어 함께 살펴보자.

먼저 진료실 안에서 활약하는 포괄의 한 가지 역할을 보자. 청장

년 환자를 진료할 때엔 병력청취, 신체 진찰, 검사와 같은 임상적 평가에 중점을 두어 진단하고 치료를 하지만 노인 환자를 대할 땐 접근 방법이 다르다. 노인병은 동시에 여러 가지 질병이 섞여 나타나는 까닭에 질병의 증상과 징후가 애매모호하고 의학적인 측면뿐 아니라 사회 환경적, 정신적, 경제적 요소들도 함께 작동하고 있어 포괄적으로 살펴야 한다. 이른바 포괄적 노인 평가로 다양한 전문분야가 협력하여 신체적 문제, 기능 상태, 정신심리적 건강, 사회적인 활동 상태, 경제적 여건, 삶의 환경 등을 평가한다. 분야별로 서로의 차이를 온전히 아끼는 합력이 바탕이 된다.

이번엔 진료실 밖에서 열심히 일하고 있는 포괄을 만나보자. 국가 안보를 이야기할 때 자주 쓰이는 말로 포괄적 안보가 있다. '국민의 생명과 재산 및 건강, 나라의 영토와 주권과 국민의 생명은 물론 정치, 경제, 사회, 문화 등 한 나라의 모든 분야와 가치'를 통틀어 지키려는 것이다. 모든 것을 안보의 시각으로 바라보되 그러기 위해 모든 국민의 서로 돕는 마음으로 힘을 모으는 밀접한 공감이 밑받침이다.

단어의 속내를 좀 더 분명하게 이해하려면 대응하는 단어를 알아보는 것도 꽤 도움이 된다. 포괄의 대응어는 무엇인가? 마음에 드는 말을 찾기가 쉽지 않다. 대개 국소, 축약 등을 드는데 마땅치가 않다. 에둘러 조세 원칙이나 남북 교역 등에서 자주 쓰이는 포괄주의와 열거주의를 들어 본다. 포괄주의는 제한 또는 금지하는 항목을 정해 놓고 그 외의 것은 자유화하는 반면, 열거주의는 모든 것을 금지하고 금지되지 않는 사항을 예외적으로 정하는 방식이다. 포괄의 대강

얼개는 뺄셈 보다는 덧셈의 자유화에 방점을 찍고 있다.

시적 대응도 있다. 리챠드(I. A. Richards)는 시를 구조적 특성에 따라 두 가지로 나눈다. 하나는 배제의 시, 또 하나는 포괄의 시다. 임보 시인은 배제의 시로 박목월의 '모란 여정'을, 포괄의 시로 서정주의 '서풍부'를 예로 든다. 전문을 옮겨 본다.

'모란꽃이 우는 하얀 해으름 / 강을 건너는 청모시 옷고름 / 선도산 수정그늘 어려 보랏빛 / 모란꽃 해으름 청모시 옷고름' 〈박목월, 모란여정〉

'서녘에서 불어오는 바람 속에는 / 오갈피 상나무와 / 개가죽 방구와 / 나의 여자의 열두발 상무상무 /노루야 암노루야 홰냥노루야 / 늬발톱의 상채기와 / 퉁숫소리와 / 서서 우는 눈먼 사람 / 자는 관세음 / 서녘에서 불어오는 바람 속에는 / 한바다의 정신병과 / 징역시간과' 〈서정주, 西風賦(서풍부)〉

어렵지 않게 알 수 있듯이 박목월은 모란꽃을 그리기 위해 주변의 산수, 인물들을 모두 배제했고, 미당은 서풍에 실려 오는 모든 사물과 온갖 사념을 넣어 녹여내고 있다. 이처럼 포괄은 마구 모아 놓는 게 아니라 잘 추려 모아 절절하게 녹여낸 보석이어서 값지다.

포괄을 말하며 독일의 철학자 칸트를 만나보지 않을 수 없다. 칸트는 '모든 판단엔 포괄하는 인식이 필요하다.'고 주장한다. 예를 들면, 껍질이 붉고 둥그렇고 달거나 시고 위가 오목하고 꼭지가 있는 과일을 보고 사과라고 인식하려면 사과에 대한 포괄화된 개념을 미리 가지고 있어야 한다. 이미 개념을 갖고 있어 꼭지만 보아도 사과임을 알게 된다. 이 사과의 개념은 객관적으로 형성된 것이므로 모든 사람에게 똑같이 인식된다. 누군가 사과를 보고 다른 사물의 이름을 대면 그것은 인식이 아니고 그 사람의 주관적 판단에 불과한 것이다. 적어도 칸트의 포괄은 각자가 아닌 다름을 받아들이는 공통의 인식이 이루어져야 한다. 어느 한 편이 사과로 포괄했다고 우겨도 다른 한쪽이 다른 이름을 대면 포괄이 아닌 것이다.

이처럼 포괄은 어느 분야인가 또한 무엇을 위해 포괄하는가에 따라 다양하게 쓰이고 있다. 곳곳에서 포괄은 최소화도 규격화도 아닌 차이를 존중하는 공감의 덧셈으로 알차게 그런 구실을 해내고 있다. 넘치는 포괄에 빠져 진료실 안팎에서 허우적거리던 손과 발 잠시 쉬고 이젠 포괄의 정확한 발음을 이른다. 포괄의 포는 길게 발음해야 하는 장음(長音)이다.

이상구

· 1949년 서울 출생
· 1967년 용산 고등학교 졸업
· 1974년 경희대학교 의과대학 졸업
· 1979년 신경정신과 전문의 취득
· 1979년 논산 지구병원 신경정신과 과장
· 1981년 육군 106 야전병원 신경정신과과장
· 1982년 이 상구 신경정신과의원 개원 (영등포)
· 1984년 의학박사
· 1991년 월간지 〈한국시〉에 수필 [장미]로 문단 데뷔
· 1995년 경희대학교 의과대학 동문회장
· 1999년 서울시 의사회 대의원 및 전문위원
· 2010년 서울시 의사회 대의원회 의장
· 2012년 대한 의사협회 대의원회 부의장

현재
· 한국 문인협회 수필 분과 회원 및 〈우리네〉〈박달회〉 회원
· 한국 정신분석학회 정회원
· 이 상구 신경정신과 의원 원장 (영등포 시장 로타리)
· 서울시 의사회 대의원회 의장
· 대한 의사협회 대의원회 부의장

· 전화 02 - 2678 - 6355(직장)
· Fax 02 - 2676 - 0581
· E-mail leesg329@hanmail.net

시(詩)가 있는 거리

유난히 올해 더위는 심했다. 그렇기에 하루라도 빨리 지나가기를 바랐던 더위가 아직도 낮에 기승을 부리는데 절기는 벌써 한로(寒露)가 다가왔다. 24절기 중에 〈찬 이슬이 맺힌다〉는 한로(寒露). 오곡을 수확하고 여름새와 겨울새가 제각기 갈 길을 찾아가는 계절이다. 아침과 밤에는 선선하기보다는 춥다는 느낌을 주면서 일교차(日較差)가 심하다 보니 나도 모르게 찾아온 불청객인 감기 바이러스와 함께 생활하게 되어 심신(心身)이 편안치 못하다. 하루의 일과를 마치고 피곤한 몸을 이끌고 퇴근 준비를 하는데 전화벨이 울린다. 사랑스러운 딸에게서 온 전화다. 모처럼 주말 외식을 했으면 하는 제안을 차마 거절을 못 하고 약속을 하게 된다. 몸 상태가 별로 안 좋은 상태라 집 근처에서 간단히 식사하자고 했더니 순순히 받아들여, 집사람과 딸과 함께 아파트 근처에 있는 식당을 찾게 되었다.

식사 후 어둑어둑한 황혼 길을 모처럼 담소를 나누며 걷다 보니 하루 종일 무겁고 쑤시던 몸도 한결 가벼워지고 발걸음에도 힘이 생겼다. 귀가하기 위해 아파트 벽을 따라 걸어가다가 문득 시간을 내서 걷고 싶었던 〈시(詩)가 있는 거리〉에 가고 싶어졌다. 하여 가족들과 함께 걷기로 했다. 벌써 수년이 지났다고 생각되는데 구청에서

거리 미화 작업의 일환으로 만든 이 길을 지나치기만 했지 걸어서 구경은 하지 못 했다. 한잎 두잎 떨어지는 낙엽을 맞으면서 깊어가는 가을밤에 시(詩)를 읽을 수 있다고 생각하니 마음이 설렌다. 과연 어떤 시(詩)들이 나를 반겨줄 것인가? 기대를 하니 젊은 시절 첫 데이트 하러 나갈 때 가졌던 기대와 전율들이 수십 년이 지난 지금에도 다시 내 몸을 엄습한다.

작품들이 전시된 지 이미 수년이 경과 했기에 담장에 붙어 있던 시화(詩畵)들 위를 덮고 있는 담쟁이넝쿨들을 하나씩 걷어 올리고 미로(迷路) 속에서 보물을 찾듯이 작품들을 하나씩 찾아 감상했다. 처음 받은 인상은 유명 시인들의 시(詩)가 아닌 순수하고 때 묻지 않은 아마추어들의 작품이구나 하는 생각이 들었다. 세련되고 우아한 느낌보다는 투박하며 작가의 정감이 그대로 묻어나는 반면, 자신의 생각과 감정을 제대로 표현을 하지 못해 안타까워하는 느낌을 주는 시구들. 전시되어 있는 시(詩)들을 하나씩 읽다 보니 디지털 시대가 아닌 과거의 아날로그 시대로 되돌아간 느낌이 들었다. 매끄럽고 세련된 CD player의 음악을 듣기보다는 간혹 잡음이 석인 LP레코드판에서 흘러나오는 음악을 들으면, 자연스럽게 과거로 퇴행하여, 지난날들의 추억에 젖어들 수 있게 되는데, 이 순간에도 정신적으로 풍요했던 젊은 시절의 추억들이 주마등처럼 스쳐 간다.

패기만만했던 20대 예과 시절. 로맨티시즘에 빠져 문학에 심취해보고자 나름대로 글도 쓰고 사진촬영도 해가며 아마추어 문인 활동을 했었다. 축제 기간에 열릴 시화전(詩畵展)을 준비하면서 밤을 새워 글을 쓰고 그림을 그렸던 기억이 난다. 당시 그림에는 젬병(?)이었던 의대생들의 시화전을 도와주기 위해 미대생들이 밤늦게까지 일부러 학교에 찾아와 그림을 그려주었다. 가난이 죄라서 저녁 식사 한 끼도 제대로 대접 못 했으나 불평 한마디 없이 묵묵히 작업해 주었던 그들의 노고 덕분에 성공적으로 시화전을 개최할 수 있었던 즐거운 추억도 있었다. 그 당시 출품했던 작품을 소중히 보관하고 있었으나 세월이 지나 여러 번 이사하면서 사라져버려 아쉬운 마음을 금할 수 없다. 40년 전이나 지금이나 패널 위에 바탕 그림을 그리고 그 위에 시를 쓰는 방식은 변함이 없으니 향수에 젖어 과거를 회상하며 감회에 젖어들게 된다.

점차 깊어가는 가을밤에 잠들어 있던 나의 메마른 영혼을 일깨워 다시 글을 쓰고 싶은 충동을 일깨워 준 〈시(詩)가 있는 거리〉. 비록 젊은 시절의 열정은 사그라졌을지 몰라도 시(詩)를 사랑하고 좋아하는 마음을 아직도 간직하고 있으니, 젊은 시절의 광기 어린 문학에 대한 집착이 아직도 소멸되지 않고 내 영혼의 심연에 남아 있음을 다시 알게 되었다. 그렇기에 젊은 시절 무척이나 좋아했던 〈윤동주〉의 시(詩) 〈내 인생에 가을이 오면〉을 읊어본다.

내 인생에 가을이 오면

윤동주

나는 나에게
물어볼 이야기들이 있습니다.

내 인생에 가을이 오면
나는 나에게
사람들을 사랑했느냐고 물을 것입니다.
그때 가벼운 마음으로 말할 수 있도록
나는 지금 많은 사람들을 사랑 하겠습니다.

내 인생에 가을이 오면
나는 나에게 열심히 살았느냐고 물을 것입니다.
그때 자신 있게 말할 수 있도록
나는 지금 맞이하고 있는 하루하루를
최선을 다하며 살겠습니다.

Shall we Dance?

근래 한국가수 〈싸이〉의 열풍이 전 세계적으로 불고 있다. 게다가 본인이 노래하며 추고 있는 〈말 춤〉 또한 인기가 상한가이다. 미국 빌보드 차트에 2위까지 올랐고, 1위의 가능성도 있다니 대단한 일이다. 세계적으로 한류(韓流) 열풍이 대단하다고 하나 이 정도까지일 줄은 누구도 상상하지 못했을 것이다. 우리의 감성에 쉽게 와 닿고 공감을 할 수 있는 음악과 춤이 대중의 인기를 얻는다는 것은 당연한 일이다. 외롭고 지친 우리들의 정신에 위안과 편안함을 줄 수 있는 노래와 춤의 역사는 인류 기원서부터 시작되었다고 해도 과언이 아니다. 〈월드 뮤직〉들을 들어 보면 각기 고유의 특색을 보이고 있으면서도 전혀 낯설지 않고 자연스럽게 공감할 수 있는데 그 이유는 모든 인류의 정서에는 동일한 공감대가 형성되어있기 때문이 아닐까? 하는 생각이 든다.

우리는 말로 자신의 의사를 표현하고 살아왔다. 그러나 단지 언어만으로 표현했던 것은 아니다. 몸동작 하나로도 충분히 자신의 의사를 표현할 수 있었고 또한 상대방도 그 의미를 간파할 수 있었다. 그렇기에 Body Langage인 몸동작을 예술로 승화시킨 춤을 보면서 즐기고 사랑을 해왔다. 팬터마임, 봉산탈춤, 꼽추춤 등 내면의 의도를 무언(無言)으로 표현한 춤이 대표적인 예이다. 그렇기에 유아들이 유아원에 입학하여 처음 배우는 것이 노래와 율동이다. 말을 배움과 동시에 또한 율동을 함으로써 자신의 감정을 표출하는 방법을 배우게 된다. 현대 사회는 모든 면에서 만능이 되어야 살아남을 수 있다는 강박관념을 가진 부모들의 극성 때문에 요즘 어린애들은 만능 엔터테이너이다. 노래도 잘하고 춤도 잘 추고 못 하는 것이 없다.

그러나 전 세대(前 世代)인 중년층과 노년층은 판이하다. 먹고 살기에 급급하여 오로지 일과 공부만 하여야 했고 출세를 하고 돈을 벌어야만 했다. 그런 세대들이 중년의 나이가 되면 자신의 삶에 대한 회의에 빠지게 되고 우울해지고 의욕상실을 보인다.

이런 세태의 고민을 잘 표현한 영화가 있었으니 1996년 개봉된 'Shall we dance?' 이다. 내용은 이렇다. 직장에서나 가정에서나 성공적인 삶을 영위하고 있는 40대 회사원 수기야마는 중년이 되면서 언젠가부터 갑작스럽게 무기력증에 빠져든다. 그러던 어느 날 전철 안에서 무심코 보게 된 사교댄스 교습소의 창가에서 한 여인을 보게 되었고 이 사건 이후에 그의 일상생활에 큰 변화가 시작된다. 처음에는 여인에 대한 호기심으로 댄스의 'D' 자도 모르던 주인공의 사교댄스에 발을 들여 놓는다. 그런데 막상 몸을 움직이며 춤을 추는 과정에서 즐거움을 찾고 빠져들게 된다. 무기력함에서 벗어나 다시 활력을 얻게 되었다. 늦게 귀가하는 일이 잦아지자 아내는 바람이 났다고 생각하고 사립탐정을 고용해 남편의 뒤를 밟게 하나, 진실을 알고 나서 당황하게 된다. 확인하기 위해 남편이 출전한 무도 대회에 참관하던 중 남편과 눈길이 마주치게 되자 당황한 남편은 실수를 하고 만다. 그러나 영화는 따뜻하게 끝맺음을 한다. 아내는 남편의 새로운 모습을 이해하고, 남편은 춤에서 새로운 삶의 즐거움을 알게 된다. 그리고 스승인 프로댄서 미아는 주인공을 통해 춤에 대한 열정을 되찾게 된다.

이 영화는 우리에게 당연하게 여겨졌던 반복된 삶의 틀을 깨고, 잊고 있었던 자기 존재를 자신에게 다시 각인시켜준 영화였다. 이 영화는 2004년 미국에서 리메이크 되었는데 리차드 기어, 제니퍼 로페즈, 스잔 서랜든이 출연하여 우리에게 알려졌다.

인생을 모범생으로 살아가는 우리들의 평범한 삶 속에서 즐거움을 발견하기란 결코 쉬운 일이 아니다. 가족관계에 얽매여 남편, 아내, 그리고 자녀의 역할만을 충실히 하려고 하다 보면 이 모든 일을 잘해내기도 벅차기만 하다. 그렇기에 나 자신의 존재 의미를 다시 알고 싶다면 일상의 단조로움에서 과감히 벗어나서 삶의 전환점을 가질 필요가 있다. 사회의 편견에 주저하지 말고 망설이지 말고 진정 자신이 즐거움을 찾고 행복을 느낄 수 있다면 이제는 망설이지 말고 과감하게 찾아 나설 필요가 있지 않을까? 하는 생각이 든다. 우리의 삶에는 시작이 있고 또한 끝이 있다. 항시 죽음은 자신과 무관하다는 어리석은 망상에 빠져 살다 보면, 한 번밖에 살지 못하는 이 세상에서, 진정 자신이 원했던 것이 무엇인지 알지도 못하고 생(生)을 끝내야 한다면 이처럼 아쉬운 일이 또 있을까? 하는 생각이 든다.

사우나 중독증

오늘 아침 가을비가 내리더니 갑자기 기온이 뚝 떨어졌다. 기상 예보를 미리 알았기에 비교적 따뜻하게 입고 나왔다고 생각을 하였으나 소매 사이와 목 사이로 파고드는 차가운 한기(寒氣)는 피할 수가 없다. 매일 아침 습관적으로 찾는 헬스클럽 안에서도 냉기(冷氣)가 느껴진다. 게다가 실외 골프 연습장에 올라가 보니 바람도 세게 불어 체감온도가 더 떨어진다. 10월 중순인데 벌써 10도 이하로 내려간다. 정말 더위를 피하니 다시 추위가 찾아온다는 말이 실감이 난다. 봄과 가을은 짧아지고 여름과 겨울이 길어지니 우리의 생체 리듬도 바뀌어야만 적응할 수 있겠지만, 60년 이상 살아온 나의 몸은 적응할 능력이 없어진 지 오래되어 속수무책으로 기온의 변화에 고스란히 노출되어 진다. 그렇기에 환절기만 되면 어김없이 감기와 몸살 증상을 겪어야만 비로소 변화되는 계절에 적응할 수 있게 되었다.

이렇게 변화된 원인이 노쇠 현상 때문인가? 아니면 다른 원인이 있을까? 생각해 보면 평소에 건강관리를 제대로 못 해온 자신의 책임이 크다는 것을 느끼게 된다. 원래 예민한 성격인지라 사소한 일도 깊이 생각하고 스트레스를 많이 받는데다가, 이런 스트레스를 해소

한답시고 음주와 흡연을 계속하고 있으니 몸이 성할 리가 없는 것은 당연하다. 이런 자신의 약점을 보강하고자 매일같이 아침운동을 시작한 것이 벌써 20년 이상이 되었다. 그렇기에 다행히 그런대로 현재의 건강을 유지할 수 있었다고 생각한다. 매일 아침 눈곱도 제대로 안 뗀 얼굴로 머리도 제대로 빗지 않은 채 졸린 눈으로 헬스클럽을 찾아가, 체육관에서 몸을 풀고 달리기를 시작하고 기구를 만지다 보면 잔뜩 굳어 있던 근육들도 풀리기 시작한다. 조금씩 배어나는 땀방울에서 상쾌함을 느끼고 운동을 계속하여 온몸이 땀으로 뒤범벅되고 나면 이때의 기분은 날아갈 것 같은 기분이다.

이런 기분으로 운동 후 찾아가는 목욕탕과 사우나는 새롭게 기분을 전환 시켜주고 하루의 일과를 계획할 시간적 여유를 준다. 특히 100도가 넘는 사우나 속에 앉아 열기와 씨름을 하는 시간이 나에게 정신적인 여유를 주는 시간이 된다. 그렇기에 이런 생활을 계속해오다 보니 이제는 〈사우나 중독증〉을 앓고 있는 중증 환자가 되었다. 전날 음주 후 늦게 일어나 아침 운동을 할 시간이 없어도 사우나를 해야만 몸이 풀리고 숙취가 어느 정도 해소됨을 느끼게 되니 중독자 중에서도 상위 급에 속한다고 할 수 있다. 이렇게 사우나를 좋아하니 후유증으로 신체질환이 생겼다.

우선 피부가 고열에 계속 노출되다 보니 건조해져서 추위가 찾아오면 어김없이 온몸이 가려워진다. 게다가 언제부터인지 지루성 피부염이 생겨 비듬이 생기기 시작했다. 전문의와 상의해보니 음주, 흡연을 피하고 사우나를 하지 말라고 충고한다. 그러나 이런 조언을 무시하고 혹시나 약물치료로 효과를 볼 수 있지 않을까 하는 생각에 열심히 치료해 봤으나 전혀 반응이 없다. 병을 치료하기 위해 즐기던 사우나를 수일간 포기하고 생활하다 보니 아침부터 생체리듬이 본궤도를 못 찾고 신경만 예민해지기에 결국은 포기를 하고 말았다. 그렇기에 이제는 내 몸에 병 주고 약(藥)주는 나쁜 주인이 되어 버렸다. 나쁜 습관은 과감히 버릴 줄 아는 현명한 지혜를 갖고 생활을 하여야 건강이 유지될 수 있는데 이렇지 못한 자신의 어리석음을 탓할 수밖에 없다.

사우나는 원래 핀란드에서 발생한 목욕 방식이다. 건식과 습식이 있는데 피부가 건조한 사람은 습식 사우나가 도움 된다고 한다. 하지만 불행히도 내가 이용하는 헬스클럽에는 습식 사우나가 없다. 그렇기에 울며 겨자 먹기로 매일 건식 사우나를 이용할 수밖에 없다. 우리나라에서도 이런 식의 찜질방, 불가마 등이 유행하고 있고 대중들이 친근하게 이용을 한다. 가족, 그리고 친구들과 어울려 목욕을 즐기고 담소를 나누는 대화의 방으로서의 역할도 하고 있다. 또한, 늦게 귀가하기 어려운 상황인 경우 잠시 새우잠을 잘 수 있는 공간이 되기도 한다. 그러나 간혹 탈선의 온상이 되어 매스컴에 보도되는 경우도 있다.

현대인들은 질병에 대한 두려움을 과거보다도 심하게 보인다. 문명의 혜택을 만끽하고 있기에 가능하면 무병장수(無病長壽)하려고 신경을 쓰면서 생활을 한다. 질병을 예방하기 위해 현대인들은 자신의 위생을 청결하게 하려고 노력한다. 그렇기에 이제는 목욕 습관이 일상화되었다. 그러나 너무 청결함에 집착을 하다 보면 강박적으로 변하게 되어 하루에도 몇 번씩 목욕을 해야만 직성이 풀리는 사람들도 있다. 대표적인 예로는 강박 신경증에 걸린 환자들로 아침에 욕실에 들어가면 수 시간씩 걸려 자신의 몸을 씻는다. 함께 사는 가족들

입장에서는 미칠 지경이다. 그러나 이런 행동을 반복하지 않으면 본인은 불안해서 견딜 수 없으니 병도 심한 병이다.

그렇다고 필자도 사우나를 하지 않으면 불안해서 못 견디는 것은 아니다. 주말에 운동하러 골프장에 가는 경우에는 사우나에 대한 생각은 전혀 떠오르지 않는다. 또한, 사우나 시설이 없는 여건인 경우에는 간단한 목욕과 샤워로 대체하고 끝낸다. 그렇기에 강박 신경증 환자는 아니나 강박적 성격의 소유자이다. 병이냐? 아니면 성격적 결함이냐? 가 중요한 것은 아니다. 사우나는 확실히 마약이나 담배처럼 강한 중독성을 갖고 있다. 그렇기에 이런 중독에서 벗어나기 위해 수십 년 해온 습관을 과감히 버리느냐? 아니면 부작용을 알면서도 계속 즐기느냐? 하는 갈등을 계속하고 있다. 이런 갈등 속에서도 오늘같이 기온이 떨어져 추위를 느끼다 보면 내 발걸음은 자연스럽게 사우나로 향하고 있으니 확실히 문제가 있는 사람이다.

'밝은 뜰'에서 온 초청장

벌거벗은 임금님

엘리베이터 여행

236 · 237

곽미영

· 이화여자대학교 의과대학 졸업
· 산부인과 전문의
· 일본 암부속병원 부인과 연수(1987)
· 미국 시카고 의과대학 부인과 생식면역학과 연수(1994~1995)
· 제7회 세계생식면역학회 최우수논문상 수상(1995년 7월 22일)

현재)
· 이화다나 산부인과의원 원장
· 이화여자대학교 의과대학, 의학전문대학원 산부인과 외래교수
· 대한검진의학회 학술이사
· 대한산부인과학회 청소년성건강위원회 위원
· 박달회 회원
· 독서신문 고정 칼럼리스트

· 주소 (150-860)
서울특별시 영등포구 신길6동 4668번시 KT대방지점 4층
이화다나 산부인과
· 전화 02) 848-0882
· 홈페이지 ewhadana.drline.net
· e-mail fmyk21@hanmail.net

'밝은 뜰'에서 온 초청장

2012년 8월 17일

오늘따라 눈부신 아침 햇살이 출근길 가로수의 청록 빛 나뭇잎들을 유난히 밝고 반짝이게 느껴지게 한다.

피임약 재분류 문제로 정신없던 나는 지난밤 동안 혹 무슨 다른 진전이 없었을까 하며 출근하자마자 컴퓨터를 켰다. 메일함을 열자 '박달회입니다.'라는 낯선 제목의 메일이 와 있었다. 발송자는 조○○ 선생님이었다. 얼른 그 메일을 열어보니 박달회 신입 회원을 환영해 주는 총무님의 환영 메시지와 함께 다음 모임 공지와 참석을 바라는 내용이었다.

드디어 내가 39년의 전통을 지닌 의료인 수필가 모임인 '박달회'에 가입되었다는 소식이었다. 지난번 김 선생님께서 박달회의 신입 회원이 되려면 회원 전원의 합의가 있어야 한다고 미리 알려 주시긴 했지만, 막상 메일을 받고 보니 기쁨과 동시에 갑자기 소름이 오싹 돋으며 겁이 난다. 정말 내가 의사 전문 수필가 모임의 회원이 된 것인가? 어떤 글을 써야 하는 걸까? 능력이 너무 하찮아 추천해 주신 분과 함께할 회원들께 폐가 되면 어쩌나 자꾸 걱정이 앞선다.

오늘따라 가로수 잎들이 유난히 밝게 느껴지더니 이런 좋은 소식이 오려고 그랬나 보다.

2012년 8월 24일

진료실 한 켠 작은 '뜰'에 오늘내일하며 망설이던 하얀 양란 봉우리가 입을 활짝 열었다. 오늘은 또 무슨 좋은 일이 있으려나 싶어 마음이 들떴다. 박달회에서 정식 4차 모임 초청 메일이 도착해있었다.

모임 안내와 함께 하단에 부가된 설명에는 신입 회원 두 분이 참석할 예정이라는 알림과 함께 참석을 독려하는 메시지가 적혀 있었다. '아. 내가 정말 전문 수필가들 속에 함께하게 된 것인가?' 불쑥 지난번 김 선생님께서 수필 3편 이상 준비가 되어야 한다고 하신 말씀이 생각난다.

갑자기 머리가 멍해진다.

2012월 9월 3일

드디어 박달회 모임 날이다. 뜨겁던 여름 열기가 한풀 꺾이고 기분 좋은 산들 바람이 '밝고 맑은' 초가을 아침을 느끼게 한다. 무슨 옷을 입어야 좋은 인상을 줄 수 있을까? 무슨 말로 인사를 드려야 글 쓰시는 분들의 마음에 들까? 머리가 복잡한 가운데 분주하게 준비를 하고 정신없이 출근했다. 출근하자마자 며칠 전부터 생각했던 대로 박달회 회원 선생님들을 찾아 인터넷을 뒤지기 시작했다. 환자를 보면서 틈틈이 한 분 한 분 얼굴과 이름도 맞춰 보고, 글도 읽어 보고 하다 보니 어느새 점심시간이다.

박달회는 과연 의료계를 대표할만한 필력을 지닌 경력자들의 모임이었다. 유 회장님의 환영 전화와 조 총무님의 환영 및 참석 확인 전화를 받으니 드디어 회원이 되었다는 실감이 난다. 기쁘지만 알 수 없는 불안감도 든다. 정말 잘해 낼 수 있을까 싶다. 오늘 저녁 첫 모임인데 원로 선생님들, 선배 회원님들께 좋은 첫인상을 드리고 싶다.

모임장소에 들어서자 고등학교 후배인 홍 선생이 눈에 띈다. 얼른 그 옆자리를 잡아 앉으며 미리 오신 선생님들께 인사를 드렸다. 한 선생님께서 '곽 선생, 반가워' 하시며 편안히 맞아 주시니 조금 긴장감이 줄어드는 느낌이 들었다. 한 분 두 분 자리가 채워지고 분위기가 익어 갈수록 나는 점점 푸근함에 빠져들었고 어느새 오래된 회원처럼 친숙하게 느껴졌다.

앞에 앉으신 이 선생님께서 넌지시 '박달'의 뜻을 물으셨다. 사실 오전 내내 그 뜻을 찾아보려 했으나 '박달'의 뜻이 설명된 곳을 찾을 수가 없었다. 단지 국어사전에는 '박달나무'라는 뜻이 나와 있을 뿐 이었다. 얼른 "전 잘 모르는 데요"라고 답하자 이 선생님께서 그 뜻을 설명해 주셨다. '박달'이란 '배달'과 같은 뜻이고 '밝은 뜰'이라는 뜻이란다. 그러고 보니 박달회에서 신입회원이 되었다는 소식이 왔던 그날 유난히 '밝게' 반짝이던 가로수와 첫 모임을 알리는 소식이 왔던 그날 진료실 '뜰'에 핀 꽃망울이 우연은 아니라는 생각이 들었다.

사실 '밝은 뜰'이라는 뜻을 알기 전 내가 받은 '박달회'라는 이름의 첫인상은 나무 중 가장 단단하고 야무진 박달나무와 펜이 어우러져 왠지 경직되고 위엄 있는 딱딱함이었는데, 설명을 듣고 보니 오늘 모임의 느낌과 그 뜻이 참 잘 맞는다는 생각이 들었다. 푸근하고 부드러운 너무나도 가족적인 분위기였다.

유 회장님의 인사말씀과 따뜻한 환영사에 이어 나와 동 연배인 홍 선생님이 준비하신 시를 최 선생님께서 멋지게 낭송해 주셨다. 알고 보니 박달회에는 수필가뿐만이 아니라 남 선생님을 비롯하여 유명한 시인들도 많이 계셨다. 이어 신입 회원인 내가 인사할 차례가 되었다. 바로 전 신입 동기이신 정 선생님께서는 인사말 대신 수필을 읽어 주셨다. '아차, 난 아무런 준비도 없이 왔는데……' 하는 생각에 기가 죽어버렸다. 아침에 미리 준비했던 말들이 까맣게 사라지고 나도 모르게 방금 들은 '박달'의 뜻인 '밝은 뜰'에 오게 되어 너무 기쁘고, 밝은 정원 한 모퉁이에 피는 예쁜 꽃이 되겠다고 말해버렸다. 갑자기 파안대소하시는 선생님들을 보면서 정신이 퍼뜩 들었다. 내가 무슨 소리를 한 것인가. 아침부터 그리 준비한 말들은 다 어디로 갔단 말인가.

'배달'에서 그 어원을 찾을 수 있는 '박달'에서, '박'은 '밝'으로 광명을 뜻하며 '달'은 '산'을 의미한다고 한다. '밝은 산'이라는 뜻이다. 아마 이러한 뜻에서 이 선생님께서 박달회를 '밝은 뜰'이라 풀이하신 듯하다. 밝은 뜰에서 마음속 이야기들을 꾸밈없이 진솔하게 나누자는 깊은 뜻인 듯 했다. 글쓰기를 사랑하는 마음들이 모인 아름다운 정원, 봄, 여름, 가을, 겨울 모두 다른 색으로, 각자의 개성을 숨김없이 드러내며, 마음속 깊은 만남이 이루어지는 그런 정원이 아닐까하는 생각이 들었다.

모임을 마치고 돌아오는 차 안에서 같이 자리하셨던 선생님들의 반가운 환영의 미소와 말씀들이 떠올랐다. 그러고 보니 잠깐 둘러본 '박달회' 의 정원에는 오래된 노송과 은은한 향을 뿜어내는 모과나무가 있는 듯했고, 잘 다듬어진 향나무와 그늘 좋은 은행나무도 심어져 있는 듯했다. 향기 그윽한 덩굴 장미꽃도 피어 있는 듯했고, 너른 연못과 그 옆에 듬직하게 놓여 있는 바위, 곳곳에 피어난 꽃들까지, 수수하지만 나무 한 그루, 꽃 한 송이마다 정성과 사랑이 담뿍 담겨 잘 관리되고 있는 '뜰' 이었다.

지난 39년간 이 '밝은 뜰' 에서 나눈 박달회 선배님들의 맑고 순수한 얘기들, 재미나고 신명나는 이야기들이 고스란히 그 정원 곳곳에 심어져 있겠지 하는 생각을 하니 신입 회원이 된 내가 앞으로 그곳에 담을 이야기들은 어떠한 것들일까 하는 생각이 든다.

그 밝은 뜰에 김 선생님께서는 나를 위해 무슨 씨를 뿌리셨을까?

언뜻 신이 가장 처음으로 만들었다는 꽃 '코스모스' 가 뜰 한 켠 연못가 바위 옆에 하늘하늘 피어났으면 하는 바램을 가져본다. 꽃

중에 첫 습작이라 화려하지도 향이 진하지도 않지만, 누구에게나 늘 편안하게 다가와 기쁨과 슬픔을 나누는 꽃, 코스모스가 정원 한 모퉁이 파란 하늘아래 조용히 자리 잡아 밝은 뜰을 만들 수 있기를 바란다. 열심히 물도 주고 잡초도 뽑고 때마다 거름도 주어야 하겠지만 작은 능력이라도 최선을 다해 열심히 박달회 '밝은 뜰'에 예쁜 꽃이 피도록 노력을 해야겠다.

오늘따라 창밖의 하늘이 밝고 푸른 정원처럼 청명하기 그지없다.

벌거벗은 임금님

초등학교 4학년 때였던 것 같다. 분단마다 연극을 준비하여 발표하게 하는 수업이 있었는데 우리 분단은 '벌거벗은 임금님'이라는 동화를 맡게 되었다.

나는 벌거벗은 임금님 역을 하기로 결심했다. 내심 벌거벗는 장면을 어찌해야 할 지 걱정이 많았고 그 대책도 뚜렷이 없었지만, 주인공인 임금님 자리가 놓치기 싫었던 나는 불안한 마음으로 그 역을 맡아 버리고 말았다. 그날 집에 돌아와 임금님 역을 맡았다고 동생들을 불러놓고 자랑을 하였더니 막내 동생이 난감한 얼굴로 "언니, 정말 여자가 벌거벗은 임금님 역을 하겠다고? 그럼 옷을 벗고 나가겠다는 거야?" 하며 걱정하는 것이었다. 순간 앞이 깜깜해지며 막연한 공포감이 밀려왔지만, 여자 임금님이 된 기쁨에 곧 잊고 말았다.

너무나 잘 아는 줄거리지만 이야기 속의 임금님은 거짓말만 하는 간신들에게 넘어가 벌거벗은 모습으로 행진하게 된다. 간신들이 보이지 않는 실로 짠 귀하고 멋진 옷이 있다고 말하자 허영심에 그 말만 믿고 결국 벌거벗은 몸으로 폼 내며 거리로 나선 것이다. 행진하던 날 지나가던 어린 소년의 "임금님은 벌거숭이"라는 말에 그제야 자신이 벌거벗고 있다는 것을 깨닫게 되나 그때는 이미 모든 것이

늦어 버린 상황이었다. 아쉽게도 망신을 톡톡히 당한 임금님에 대한 다음 이야기는 거기서 끝나고 만다.

어디로 보나 당시 상황에서 그 역할은 장난꾸러기 남학생의 몫이었다. 그러나 벌거벗고 나설 걱정보다 주인공인 임금님을 한번 해봐야겠다는 마음이 컸던 나는 나도 모르게 그 역을 자청했다. 막상 임금님이 좋아 임금님 역을 맡은 후부터 나는 벌거벗은 모습을 연출하고자 매일 머리가 복잡했다. '용기를 내어 팬티 바람으로 나서볼까?' 하다가 다시 그 다음 날이 되면 그럴 용기를 잃고 끙끙거렸다. 모조지에 내 몸만큼 큰 사람 모습을 그려 오려서 몸에 붙여보기도 하고, 집에 흔하던 붕대를 얻어 동생과 열심히 몸에 감아도 보았으나 모두 허사였다. 고민의 시간은 하루하루 지나갔고 결국 연극 발표의 날이 다가왔다. 어떻게 벌거벗은 역할을 하였는지는 중요하지 않은 것 같다. 그러나 그 역할을 준비하면서 임금님이라는 화려한 자리가 허울 좋은 이름만큼이나 허영과 욕심의 유혹에 빠지기 쉬우며, 진정한 임금님은 그의 국민을 위하고 걱정하는 모습을 갖춰야만 하는 것이 아닐까 희미하게나마 배우는 기회가 되었던 것 같다. 결국 나 자신도 그 역할을 어찌할지 생각하기보다는 임금님 역할을 해보겠다는 욕심을 부렸지 않은가.

지금도 그때 무슨 용기로 살색 학생용 스타킹만의 모습으로 친구들 앞에 섰는지 생각하면 얼굴이 붉어지기도 한다. 그러나 나는 그 '벌거벗은 임금님' 역으로 최고 연기상을 받았다. 그때 무작정 나섰던 내게 기회를 주시고 최고상으로 격려해 주신 선생님의 배려가 험악해진 오늘의 교실 풍경에 비추어 보니 참 소중하다는 생각이 든다. 무엇보다도 1960년대 말 당시의 사회적 통념으로는 용납되기 어려웠던 여자아이에게 임금님 역, 그것도 '벌거벗은' 임금님 역할을 할 수 있도록 기회를 주시고 적극 격려해 주셨던 나의 담임선생님과 그를 통해 느끼고 배운 시간이 얼마나 귀한 것이었는지……. 그때 그 말괄량이 어린 여자아이가 의사가 되었다. 오늘도 환자를 보면서 나에게 주어진 사회적 역할을 내실 있게 감당하리라 다짐하고 보니 그때의 그 가르치심과 소중한 경험이 새삼 가치 있게 느껴진다.

그러고 보니 우리 반에서 '영감'이라 불렸던 자그마한 키의 남자 친구가 생각난다. 그는 독서광으로 늘 책이 유일한 친구였으며, 학교 도서관은 물론이고 대학 도서관과 이대 앞 책 가게의 책을 모두 읽어 버리는 책벌레였다. 그러다 보니 그 친구는 사회성이 많이 떨어졌고 운동도 다른 아이들보다 잘할 수가 없었다. 교실 한쪽에 등을 기대고 앉아 책을 읽던 모습, 아침 체조 시간에 행진곡에 맞춰 걷기라도 하면 같은 쪽 손과 발이 함께 올라가던 어눌한 움직임이 어렴풋이 생각난다. 가끔 영감 녀석이 눈에 띄면 안쓰럽기도 했지만, 말괄량이로 체력이 좋던 나는 대부분 키 큰 친구들과 섞여 놀며 그 친구에게는 별 관심이 없었다. 그런데 나와 여러 면에서 라이벌이던 키 큰 남자 친구가 어느 날 그 영감 녀석을 호위하며 그의 방패막이가 되어 있었다. 나중에 알게 되었지만 담임선생님의 밀명을 받고 그 친구의 호위병 역할을 담당하고 있었던 것이다. 책을 많이 읽고 박식하지만 체력이나 사회성이 떨어져 외톨이가 될 번 한 친구에게 선생님께서는 활동적이고 힘센 친구들 속에서 안전하게 어울릴 수 있도록 안전장치를 만들어 '영감'이 힘센 친구들과 못 차는 공도 같이 차며 함께 어울릴 수 있는 기회를 주셨던 것이다.

그때 그 '영감' 이라 불리던 친구는 명문대학의 물리학 교수가 되었고, 소리 관련 전자 칩을 개발하여 전 세계 TV에 꼭 필요한 칩을 만드는 회사의 CEO가 되었으며, 전공과 판이한 경제학 강의까지 하는 등 시대를 앞서가는 오피니언 리더로서 사회에 공헌하며 잘살고 있다. 아직도 그 친구는 초등학교 친구들과의 모임 자리에선 어릴 적 느릿한 말 습관과 행동이 남아있어 종종 '영감' 이란 별명으로 놀림을 당하곤 하지만, 그럴 때마다 그는 더 느릿느릿 영감 투로 이야기하며 친구들의 놀림을 받아준다. 그런 여유로운 친구의 모습을 보면서 나도 모르게 미소를 짓게 된다. 어쩌면 그 친구는 어린 시절의 추억을 떠올리며 그 시간을 즐기고 있을지도 모르겠다.

그 영감이란 친구의 호위병을 맡았던 키 큰 친구는 그 후에도 5학년 때 일본서 전학을 온 유난히 짜장면, 짬뽕의 'ㅇ' 발음을 잘 못 해 놀림 받던 친구를 호위하고 보살피는 호위병 역을 자처하게 되었다. 그때 그 친구는 지금 우리나라를 호위하는 훌륭한 외교관이 되었다. 그는 약한 자를 돕는 멋진 흑기사의 경험을 통해 약자를 돕는 즐거움을, 서로 다른 사람과의 소통과 중개인 역할을, 그리고 힘의 배분에 대한 역학 관계를 배우게 되었던 것 같다. 아마도 그런 과정들이 지금의 훌륭한 외교관으로 성장할 수 있었던 원동력이 되었을 듯하다. 요즘도 이 두 친구와 만나면 가끔 'ㅇ' 자 발음을 잘못하는 친구에게 "짬뽕, 짜장면 해볼래?" 하면서 놀리고 싶은 충동과 함께 이젠 나보다 훨씬 커버린 키 큰 외교관 친구가 어떤 반응을 보일지 궁금해진다.

만약 선생님께서 편견과 고정 관념으로 여자는 임금님 역은 할 수 없다거나, 더군다나 벌거벗은 장면은 더더욱 안 된다고 아예 기회를 박탈하였다면 나는 지금 어떻게 되었을까. 다른 아이들과 달리 말이 적고 조금 특이한 친구라고 하여 그를 방관한 채 사회성을 기를 수 있는 기회를 주지 않으셨다면 지금 그 '영감' 녀석은 어찌 되었을까.

그러고 보니 우리 초등학교 교실에는 여자 어린이회장도 있었고, 요리를 잘하는 남자 요리사도 있었으며, 공부에는 관심이 없었지만, 잔디와 꽃을 사랑하는 정원사 친구도 있었고, 산수는 힘들어해도 글을 잘 쓰던 작가 친구도 있었다.

2012년, 21세기를 살아가는 지금 우리 아이들에게는 혹시 불필요한 사회적 통념과 고정 관념으로 꼭 주어져야 할 기회들이 무시되고, 그들의 동의 없이 박탈되고 있는 것은 아닐까.

담임선생님께서 지금 교단에 계신다면 우리 아이들에게 어떤 기회를 주실까.

올 대학 입시 수능이 며칠 남지 않았다. 신문기사 사진 속 애타는 고3 엄마의 얼굴 위에 그때 그 담임선생님의 얼굴이 겹쳐져 보인다.

엘리베이터 여행

맑게 갠 월요일이다. 모처럼 힘차게 일주일을 시작하고 싶은 마음에 서둘러 집안 정리를 하고 집을 나섰다. 현관문을 열고 나오자 복도 끝 열린 창문으로 쌀랑한 바람이 얼굴에 닿았다. 상큼한 아침을 느끼며 기분 좋게 엘리베이터를 탔다. 저녁에 회의가 있어 정장을 깨끗이 차려입고, 한 손에는 커다란 보조 가방에, 팔에는 잡지를 끼고, 다른 손엔 커피까지 들고 나니 옷이 구겨질까 걱정이 되었다. 그런데 갑자기 코를 자극하는 이상한 냄새에 가슴이 답답해지고 숨쉬기가 역겨워졌다. 누군지 아침에 청국장을 먹고 엘리베이터를 탔었나 보다. '아니 이 아침에 무슨 청국장을……'

한 주일의 시작을 상쾌하게 열겠다는 생각에 한껏 고무되어 올라탄 엘리베이터인데, 그만 퀴퀴한 청국장 냄새 때문에 기분이 상해 버렸다. '38층에서 지하 2층 주차장까지 숨을 참아 볼까?' 생각하나마나 그건 거의 불가능한 일이었다. 잘 차려입은 온몸이 청국장 목욕을 하게 생겼으니 빨리 엘리베이터를 내리고만 싶어졌다.

34층, 엘리베이터가 섰다. 빨리 내려가야 되는데 하며 쳐다보니 낯익은 부인 한 분이 작은 장바구니를 들고 탔다. 가볍게 인사를 나누며 "아침에 어느 집에서 청국장을 드셨나 봐요" 하였더니 내 손에 들린 커피 컵을 보며 그 속에 된장국이 들었나 했다며 "그러고 보니 청국장 냄새네요"하며 웃는다. 언젠가 텔레비전에서 본 코미디가 생각났다. 빈 엘리베이터에 먼저 탄 사람이 방귀 냄새에 기분 나빠하는 순간 다음 탄 사람이 그 사람을 방귀를 뀐 사람으로 오인해 벌어지는 해프닝을 주제로 했던 재미난 이야기였다. 지금 이 상황에서 그 코미디를 떠올리니, 그게 그냥 웃을 일만은 아니었구나 하는 생각이 스쳤다.

"집집마다 된장이 아침 메뉴로 인기네요" 하며 말을 건네니 그 부인은 외국서 오래 살다 귀국해 아침에 한식을 먹으니 속도 편안하고 너무 좋단다. 갑자기 돌아가신 외할머니 생각이 났다. 어렸을 때 우리 집에 같이 사셨던 외할머니는 겨울이면 방에 메주를 쑤어 달아놓으셨다. 할머니 방에서 나던 메주 냄새가 싫어 "저건 왜 달아 놓아요? 없애면 안 되나요?" 하고 투정을 부리곤 했었다. 외할머니께서는 냄새가 많이 날수록 맛도 깊어지고, 속에도 좋고, 키도 크게 해준다고 하셨다. 그 고약한 냄새를 풍기던 네모난 덩어리가 된장찌개를 맛나게 하는 장본인이라는 사실은 초등학교에 들어가서야 알게 되었던 것 같다. 할머니인들 바실러스균의 발효 산물인 암모니아 냄새가 좋기만 하셨을 리 없었을 텐데…….

2층 양옥집을 짓고 새집으로 이사를 한 뒤 할머니 방에선 메주 냄새도 사라졌다. 그래도 고추장, 된장 담그는 날이면 달콤한 엿기름 고는 냄새와 함께 고린 메주 냄새가 났었고 그 냄새가 점점 구수하니 좋아진 것도 초등학생 때였던 것 같다. 냄새 없는 청국장 가루로 만든 환약을 사서 콩 집어 먹듯 하는 세상이 되었지만, 구수한 냄새

나는 외할머니의 된장찌개는 지금은 어디서도 찾아보기 어렵다. 그 정성의 맛을 어찌 발달하는 과학으로 흉내 낼 수 있겠는가. 그러고 보면 청국장을 먹을 땐 좋은 그 냄새가 엘리베이터에서는 기분을 상하게 한다는 생각에 웃음이 났다. 혼자의 생각, 근거 없는 상상이 얼마나 위험한 것인가 라는 생각이 든다.

20층에 엘리베이터가 멈추고 청년이 어수선한 차림으로 엘리베이터에 탔다. 지각 출근인 듯 머리가 부스스하고 구두 한쪽도 덜 신겨져 있었다. 담배 냄새가 역했다. 나도 모르게 인상이 써졌다. 누가 눈치 챌까 얼른 미소를 짓고 눈인사를 나눴다.

'청국장에 담배 냄새까지 섞이다니, 이제라도 숨을 멈춰 볼까?' 그러나 아직 지하 2층까진 너무 오래 참아야 한다. 갑자기 심술이 났다. 마약보다 더 강한 담배를 왜 저리 피우는 걸까? 자신의 폐를 내어주고 건강과 맞바꿀 정도로 담배가 좋단 말인가? 온몸에 찌든 담배냄새가 그리 좋단 말인가? 젊은 사람이 참으로 안쓰럽다. 순간 담배 혐오가로서 떠올릴 수 있는 온갖 나쁜 상상이 머리를 스쳤다. 시커멓게 타르에 찌든 폐, 기도 관을 삽입한 뚱뚱한 암 환자의 구멍 뚫린 목에서 뿜어 나오는 담배 연기……. 나도 모르게 또 미간에 팔자가 그려졌다. '얼른 내려가라. 얼른 내려가라' 그저 엘리베이터가 빨리 내려가 주기만 바랐다.

두 층을 더 내려가 엘리베이터는 또 멈춰 섰다. '오늘따라 왜 이리 많이 엘리베이터를 타는 거지?' '엘리베이터가 3대나 되는데 하필 왜 모두 이 엘리베이터를 타는 거야?' 불쾌감을 넘어 짜증이 나려고 했다. 톡 쏘는 향이 섞인 것 같았지만 내가 좋아하는 향수 냄새다. 일본 엄마와 꼬마 아이였다. 순간 공기가 산뜻해지는 듯 느낀 것도 잠시, 다시 냄새가 뒤섞이며 숨쉬기는 더욱 역겨워졌다. 6개월간 동경암센터 부인과에서 연구원 생활을 하던 때의 기억이 떠올랐다. 일본의 엘리베이터에선 특유의 화장품 냄새가 났었다. 일본 여성들이 흔히 쓰는 뽀얀 분가루 냄새였다. 뭔가 톡 찌르는 듯 편하지 않은 냄새다. 또 진한 향냄새도 났다. 집집마다 작은 신사를 모시는 일본사람들에게서는 진한 향냄새가 몸에 배어있었다. 그들은 집안에 신사를 만들어 조상을 모시고 복을 빌며 매일을 살아간다. 그런 삶의 냄새가 일본 엘리베이터에서는 났다. 한국 사람인 나는 일본 체류 기간 내내 그 냄새와 친해지려고 노력했지만, 결코 그 냄새에 익숙해지기 어려웠다. 일제 강점기에 대한 생각으로 일본인에 대한 무조건적인 저항감이 심했던 나였지만, 친절하고 장점이 많은 일본인과 살면서 그래도 많이 편견을 벗어나 객관적인 시각으로 그들을 바라볼 수 있게 되었다고 생각하고 있었는데……. 오늘도 역시 그 냄새에 불쾌감은 느끼고 있는 것을 보니 그게 아니었던 것 같다. 태생이 다르고 삶의 방식이 다름으로 인한 냄새의 벽을 넘기란 그리 쉽지 않았던 것이리라.

10층. 이제 내 코 신경은 마비되었는지 냄새가 구분되지 않았지만 후텁지근한 엘리베이터 안에서 많은 사람과 섞여 숨쉬기가 답답해져 왔다. 고린 청국장 냄새도, 역겨운 담배 냄새도, 일본인의 향수 냄새도 전혀 구분되지 않았다. 그렇다고 편안한 것은 아니었다. 이미 코 신경들이 인지작용을 통해 뇌신경에 각 냄새들을 기억시켜 놓고는 고약하게도 몽땅 뒤 섞여 하나가 되어버렸지만 내 의식은 계속 각각의 냄새를 찾아다니고 있었다.

1층. 엘리베이터가 열리자 두 사람이 내렸고, 다시 지하 1층에서 일본 엄마와 아이가 어눌한 한국어로 인사를 하며 내렸다.

지하 2층, 드디어 내 차례였다. 얼른 내려 옷 냄새부터 맡아 보았다. '청국장 냄새는 안 배었을까? 담배 냄새는?'

50대 중반의 중년이 되어 버렸건만 나이가 들수록 더 나를 고집하며 익숙함만을 쫓고자 하는 편협함이 한심하다. 서로 다름에 좀 더 너그러워지고 나를 조금은 더 내려놓을 수 있어도 좋으련만…….

작은 공간에서 서로 다른 사람들이 얽히며 살아간다는 것이 단순히 냄새만의 일이겠느냐마는 38층부터 잠깐의 엘리베이터 여행이 이리 길고 멀 수 있다니, 서로 다른 삶의 공존의 의미가 오늘따라 더 버겁게 느껴졌다.

어두운 세상 속 한줄기 위안

지는 야구팀 응원하기

항주 서호의 인상

정준기

· 서울대학교 의과대학 졸업
· 서울대학교 대학원 박사학위 취득
· 서울대학교병원 내과 전공의 과정 수료
· 미국 NIH에서 방사성 단일 클론항체 연구

· 서울대학교 의과대학 핵의학교실 주임교수
· 서울대학교병원 핵의학과 과장과 방사선의학연구소 소장 역임
· 대학핵의학회 이사장 역임
· 세계핵의학회 사무총장 역임
· 아시아지역 핵의학협력기구 회장 역임
· 아시아분자영상협의회 회장 역임

· 미국핵의학회 'Outstanding Clinical Investigation Award' 수상
· 대한핵의학회 공로상 수상
· 대한갑상선학회 범산학술상 수상
· 대한의학회 바이엘쉐링 임상의학상 수상

〈현재〉
· 의학한림원 정회원
· 대한갑상선학회 회장
· 서울대학교병원 갑상선센터 교수

어두운 세상 속 한줄기 위안

환자들은 대부분 육체적이나 정신적으로 어떤 장애를 가지고 있다. 의료인들은 이런 환자를 대할 때 보호 본능이 생기기도 하지만 솔직히 말해서, 가끔은 약간의 우월감을 느끼기도 한다. 장애가 없는 경우에도, 환자는 약자의 입장에 있기 때문에 무의식중에 이러한 태도를 보이기도 한다. 마치 자기와는 달리, 본래부터 그렇게 태어난 것같이 착각하기도 한다. 의료인 자신은 헤르만 헤세의 소설 〈데미안〉에 나오는 주인공처럼 '밝은 세계'에 속해 있고, 환자는 '어두운 세계'에 있다고 생각한다.

어렸을 때 나도 데미안의 주인공과 비슷한 생각을 했다. 이 세상에서 우리 어머니가 제일 예쁘고, 우리 아버지가 제일 멋지고, 우리 집 음식이 가장 맛있었다. 우리 집은 행복과 광채로 가득 차있고, 나는 이 세상에서 가장 중요했다. 즉, 나를 중심으로 세상이 돌아가고 있다고 생각했다. 밤에도 보름달이 나를 쫓아 따라오지 않는가?

그러나 성장하면서 이것이 틀린 생각임을 점차 깨닫게 된다. 우리 부모보다 더 미인인 친구 어머니와 더 훌륭한 친구 아버지도 있다.

닫은 모든 사람을 따라다닌다는 사실은 나에게 충격적이기까지 했다. 내가 항상 '밝은 세계'에만 있는 것이 아니라, '어두운 세계'에도 들어갈 수 있고, 내가 세상의 중심이 아니라 구성원에 불과하다는 것을 인식하게 된다. 다르게 말하면 세상을 알게 되는 것이고 철이 드는 것이다.

그러나 의료인 중에는 아직도 환자와의 관계에서 철이 덜 드는 경우가 있다. 마치 어린아이처럼 자기가 우월하다고 착각해, 환자의 인격을 과소평가하고 얕보기도 한다. 의료의 성격상 항상 의사가 도움을 주고 환자는 도움을 받는 입장이기 때문에 자기가 우월하다는 생각도 들게 마련이다. 또한 환자가 의사 표현을 제대로 못하는 상황이 생기기도 하기 때문이다. 예를 하나 들겠다.

핵의학 선배 중에 나를 아껴주고 가까운 D 여선생님이 계신다. 학회 회장, 병원 부원장, 정부 기관의 전문의원 등 많은 활약을 하고 계셨다. 지난겨울 교통사고로 뇌출혈이 생겨 혼수상태로 2개월이 지나서 겨우 의식이 돌아왔다. 그러나 아직 한쪽 팔 다리가 마비되고 발음도 불명확한 상태였다. 병문안을 온 나를 보자, 내 이름을 더듬거리며 기억하고 계셨다. 그러나 여러 정황으로 보아 의식이 아직 정상으로 돌아오지는 않은 것 같았다. 책을 보고 글씨를 읽기 시작했다는 간병인의 말을 듣고 내 수필집을 전해 주었다. 다음 날 어린애를 대하는 태도로, 책의 어느 곳이 재미있었느냐고 물어보는 나에게 더듬거리는 목소리로 전공의 시절을 쓴 '동위원소실' 이야기가 제일 좋았다고 대답하는 것이 아닌가. 비록 말을 잘 못하는 상태였지만,

정신은 똑똑히 있는 것이다! 선배가 아닌 환자를 대하듯이 하고 있던 나는 자세를 바로잡아야 했다.

우리가 다른 환자를 만날 때도 마찬가지이다. 질병 때문에 정신적 육체적으로 약해 보이기도 하지만 우리와 똑같은 인격을 가지고 있는 것이다. 의료진이 병을 찾아내고 고쳐준다고 해서 환자보다 인격적으로 더 훌륭한 것이 아니다. 환자보다 더 가치 있는 인간이라는 것은 아니다. 환자는 지금은 운이 없어 '어두운 세계'의 질곡에 있지만 그들도 우리와 똑같은 '밝은 세계'에 있었던 사람이다. 우리 의료인이 환자의 품위와 삶을 존중할 때, 환자의 병과 아픔을 같이 느낄 때 진실한 라포르(rapport)가 형성되기 시작한다. 우리가 '어두운 세계'에 한줄기 위안이 될 수 있는 것이다. 공자가 군자의 덕목으로 강조한 인仁의 자세를 의료인은 필수적으로 가져야 한다.

지는 야구팀 응원하기

일전에 출판한 〈젊은 히포크라테스를 위하여〉에서 야구는 내 인생에서 고향 뒷동산 같다고 했다. 옛날의 아련한 기억과 야구가 추억 속에 뒤섞여 있다. 어릴 때부터 지금 이 순간 까지 야구는 내 바로 옆에 있어왔다. 특히 프로야구가 생긴 이후로는 생활의 일부로 녹아 들어와 있다.

1982년 내가 전문의를 마치고 막 군의관으로 근무할 때 프로야구가 시작되었다. 그 당시 인기였던 고교야구의 열기를 이어 받은 것이다. 빠듯한 레지던트 시절을 끝내고 군병원에서 비교적 시간이 많아진 우리들, 특히 나는 프로야구에 열광했다. 각 야구팀의 전적뿐 아니라 개인선수의 기록까지 외울 정도였다. 나는 충청도 고향의 연고팀인 OB팀을 응원하였다. 고향 팀일 뿐만 아니라 일본 프로야구 출신인 김영덕 감독 때문이기도 하였다. 김 감독은 그 당시 야구 변방이었던 우리나라에 일본의 선진 야구를 도입하는 선봉장이었다. 다른 팀들은 감독이 스스로 런너코치가 되어 그라운드에 나섰으나 그는 OB팀 더그아웃 구석에 쭈그리고 앉아 있었다. 경기를 세밀하게 분석하면서 코치들을 앞세우고 뒤에서 팀을 조절하였다. 게임에서 승리하여 감독 인터뷰를 할 때에도 선수와 코치들이 스스로 잘했다고 뒤에 물러서기 일쑤였다. 김 감독에게서 나는 진정한 프로의 자세와 일본야구의 정교함을 배울 수 있었다.

이런 훌륭한 감독 아래 미국 마이너리그 경험이 있는 박철순이라는 초대형 투수가 있었다. 그해 코리안 시리즈에서 OB는 삼성을 꺾고 원년의 챔피언이 되었다. 그 후 서울로 연고지를 옮긴 OB팀은 우리집안의 열렬한 후원을 얻었다. 우리도 충청도에서 서울로 이사 왔기 때문이었다. 여기에 우리병원의 부원장이 OB 두산그룹 창업자 아드님이었던 이유도 있다. 한창 때에는 우리병원의 회식에서는 OB 맥주만 애용하기도 하였다.

그러나 OB팀은 우승 후 한동안 두각을 나타내지 못했다. 원년에 무리한 박철순 투수는 허리부상으로 고생을 하였다. 구단의 전폭적인 지원으로 몇 차례 수술을 하고 본인의 굳은 의지로 재기를 거듭하였으나 제 역할을 다시 찾지 못하였다. 모처럼 참가한 코리안 시리즈에서 한번 마무리 투수로 마지막을 장식하고 은퇴하였다. 아버지와 나는 잠실야구장을 간간히 찾으면서 분투하고 있던 OB팀을 안타까워하곤 하였다.

1989년 여름에 미국에서 장기연수를 마치고 귀국한 나는 아내와 3남매를 동반하고 야구장을 다시 찾았다. 마침 그 때 MBC청룡팀을 인수한 서울 LG트윈스팀의 팬이 되었다. 특히 유지현, 서용빈, 김재현 삼총사 같이 막 입단한 어린 선수들이 인기가 많았다. LG팀은

OB팀과 달리 호쾌한 야구를 선보였다. 미국에서 공부한 이광환 감독이 소위 자율야구를 주창해 선수의 기를 살려 스스로 운동하게 하였다. 이광환 감독은 내 고등학교 선배로 고등학교 3학년 때 연평균 타율이 4할이 넘어 이강민 타격상을 받은 뛰어난 선수였고 리더십도 있었다. LG팀은 탁월한 실력으로 1990년과 1994년에 페넌트 레이스에서 우승을 하였고 코리안 시리즈에서도 승리하였다. 우리 가족은 집에서 만든 김밥으로 잠실야구장에서 요기하고 승리를 만끽하면서 여가를 즐기곤 하였다.

그 후 프로야구는 우리 집안의 일상이 되었다. 평일에는 일과 후에 바로 퇴근해 야구시합을 시청하고 주말에는 두 대의 TV앞에서 번갈아 다른 야구 경기를 보기도 하였다. 화장실에 갈 시간이 없는 것이 즐거운 고역이었다. 다른 일로 야구 경기를 보지 못하는 경우에는 식구들이 서로 경기결과를 알려주었다. LG팀의 승패에 따라 집안 분위기가 변할 정도였다.

지금은 위성방송국들이 경쟁적으로 프로야구 경기를 다루고 있다. 모든 야구경기가 현장 중계되고 그 후에는 각 방송국에서 경기를 다시 녹화중계하고 전문가가 분석하여주고 있다. 따라서 나 같은 일반인도 전문가 못지않게 야구에 대한 일가견을 가지게 되었다. 밤늦게라도 그 날의 경기를 즐길 수 있어 나에게는 아주 편리하다.

이제는 많은 우리선수들이 일본과 미국의 프로야구에서 활약하고 있다. 특히 박찬호 선수가 LA 다저스 팀에서 한참동안을 명투수로 활약하였다. 현장중계를 우리나라에서는 한낮에 하기에 나는 사무실에 TV를 비치하고 야구를 보면서 업무를 처리하곤 하였다. 한 경기에 100여개의 투구를 하지만 한두 개의 실투로 경기가 결정되는 광경을 보면서 힘과 집중력을 겸비한 미국 메이저리그의 높은 수준을 알 수 있었다.

최근에는 한참동안 LG의 성적이 최하위권에 머물러있다. 십년 동안이나 플레이 오프 경기에도 참가하지 못하고 있다. 그러나 우리가족은 아직도 LG팀의 열렬한 팬이다. 매년 초반에는 곧잘 승리를 하면서 후반기에는 다시 하위권으로 떨어지는 성적을 보이고 있다. 따라서 우리집안의 분위기는 밝지 않은 날이 대부분이다. 그러면 왜 팀을 바꾸지 않고 계속 응원을 하고 있는가? 우선 선수 및 코치진(왕년의 LG 선수들)에 대한 애정 때문이다. 어릴 때 초년생 선수부터 성장해 스타가 되고, 또 지금까지의 과정을 같이 보고 즐겼던 추억 때문이다. LG팀과의 동고동락同苦同樂이 지내온 내 인생의 일부이기 때문이다. 또한 아직도 간간히 보여주는 신바람 야구에 대한 매력 때문이다.

나는 대부분 지고 있는 LG 경기를 지금도 보고 있다. 어떤 팬들은 성적이 나쁠 때는 외면하다가 성적이 좋을 때 관심을 보며 즐기기도 한다. 아마 정신건강상으로는 이러한 태도가 바람직하기도 할 것이다. 나도 곧잘 이기고 있는 두산(과거의 OB팀)이나 새로운 강자로 발돋움하려는 넥센 같은 서울 팀을 곁눈질하기도 한다.

그러나 응원한 팀이 지는 경기에서 많은 것을 배울 수 있다. 패하는데에는 반드시 이유가 있기 마련이고 이를 분석하는 것이 인생살이에 도움을 주기도 한다. 야구는 인생의 축소판이기 때문이다. 좋아하는 선수나 팀이 지는 경우 그 원인은 더욱 뼈저리게 내 가슴에 다가온다.

예를 들어 수비에서 실수를 많이 하면 경기에서 반드시 지게 된다. 즉 사람은 자기 스스로 무너지기 마련이다. 자신의 마음가짐에 따라 승패가 좌우되는 것이다. 야구는 단체경기이지만 어느 경우에는 공수에서 한두 선수의 활약으로 승리하기도 한다. 어떤 단체나 조직에서도 몇 명의 리더가 승패를 결정하는 경우가 많다. 투수의 경우 안타를 맞더라도 포볼을 주지 않아야 된다고 누누이 해설자는 강조한다. 투수가 모를 리가 없다. 그러나 그의 입장에서는 최상의 결과를 얻기 위하여 스트라이크존의 코너로 공을 던지다 보니 포볼이 되는 것이다. 이는 인생살이에서 항상 나에게 바람직한 결과만 나오지 않는 것과 같다. 어떤 일을 하면서 최상이 아닌 중간정도의 결과를 기대하는 것이 현명한 대처법이다.

꼴찌 팀이라도 누구나 승리하기 위해서 노력하기 마련이다. 우리 LG팀도 모든 선수들이 머리를 삭발하면서 결의를 다지곤 한다. 심지어는 미국에서 온 용병들까지 자진하여 삭발에 동참하였다. 선수들이나 코치진은 좋은 성적을 올리겠다고 다짐하며 나름대로 열심히 노력하고 있다. 그러나 결과는 여전히 좋지 않게 나오고 있다. 팬들의 자조적인 말처럼 "LG는 경기 중에 상대 팀의 점수는 쫓아가나 결코 앞지르지는 않는다."

나는 이유를 알 수 있을 것 같다. 인기 있는 서울 팀인 LG에게는 부족함이 없다. 승패에 관계없이 충분한 구단의 지원이나 열렬한 팬이 있는 선수들에게는 반드시 이겨야 할 이유가 없는 것이다. 프로야구 선수는 누구나 열심히 하고 실력은 비슷하다. 이기지 않으면 안 되는 배수진이 없는 야구선수나 야구팀은 프로경기에서 살아남을 수가 없다. 상대방의 점수는 따라가나 마지막 힘을 다해 역전할 악착은 없는 것이다. 인생에서도 마찬가지이다. 승리에 대한 절박감과 절실함이 없는 사람은 성공할 수가 없다.

성공하여야 할 이유가 절실하게 있는 사람이, 이기지 않으면 파멸되는 절박한 경우에만 초인간적인 능력이 나타난다. 죽을 힘을 다해 모든 정성과 노력을 어떤 일에 집중하는 것이다. 예수님과 이순신 장군의 말씀대로 죽고자 하는 사람이 사는 것이다. 인생살이의 중요한 교훈을 매번 아픈 마음에 실감하며 배우는 것이 내가 오늘도 또 지고 있는 LG팀 경기를 계속 보는 이유이다.

항주 서호의 인상

2009년 가을 집사람을 동반하고, 항주국제분자영상학회에 참가하기 위하여 항주抗州에 도착하였다. 항주는 상해 옆에 있는 소주蘇州와 함께 예부터 중국의 유명한 관광지로 "하늘에는 천당이 있고, 땅위에는 항주 소주가 있다"라고 하였다. 특히 13세기에 이탈리아의 마르코 폴로가 이곳에 와서는 경관에 감탄하여 항주가 '세상에서 가장 아름다운 도시' 라고 하였던 곳이다. 항주가 아름다운 것은 시내에 백만 평이나 되는 큰 호수인 서호西湖가 있기 때문이다.

서호는 2000년 전부터 중국인의 가슴 속에 있는 호수이다. 그동안 수많은 권력자가 방문하여 족적을 남기고, 문학가는 다투어 서호를 노래하였다. 호수에 있는 1개의 섬이 외로워 2개의 인공섬을 만들었고, 소동파는 복구사업을 하면서 호수를 가르는 제방을 쌓아서 동파제라 이름 짓고 양쪽 호수를 다르게 조경하였다. 서호에는 중국인의 풍류가 그대로 녹아 있다. 인공섬 안에 3개의 호수를 만들어 '호수 안에 섬이 있고, 섬 안에 또 다시 호수' 를 만들었다. 이태백은 서호의 보름달을 최고로 여기었다. 섬 옆 물가에 5개의 둥근 창문이 있는 석등을 3개三潭印月 세워 놓고, 보름달이 뜨면 석등에 불을 켜면서,

석등 안의 둥근 달 15개(3개의 석등에 창문 5개), 이것이 호수에 비친 15개의 달에, 하늘의 달, 술잔의 달, 내 마음 속의 달을 합쳐 33개의 보름달이 생긴다고 하였다. 자연을 즐기던 청나라 건륭황제는 "이곳에 오니 바람과 달(풍월, 風月)에 경계가 없으니 風月 두 글자에서 바깥 경계를 빼고 충이 虫二 라고 불러라"면서 이를 바위에 깊게 새겨놓았다.

이 지방은 중국 역사에서 4대 미인인 서시西施의 고향이기도 하다. 경국지색傾國之色의 미모를 갖추었다는 서시를 이태백은 서호에 비유하여, "밝은 날의 서호는 화장한 서시의 얼굴과 같고, 안개 낀 서호는 서시의 맨얼굴과 같다"고 하였다. 또, "밝은 날 서호는 안개 속 서호만 못하고, 안개 속 서호는 비 내리는 서호만 못하다"는 말도 있다.

해마다 열리는 항주분자영상학회에 작년에 이어 올해 또 강의를 부탁받아 참석하였다. 바쁜 와중에도 다시 온 것은, 이 학회를 주관하는 절강의과대학 장홍교수 부부와의 각별한 친분 관계도 있지만, 내심으로는 작년에 혼자 본 인상서호印象西湖 공연이 너무 인상적이라 집사람과 다시 즐기려는 의도도 있었다. 장교수에게 미리 부탁하여 도착하는 날 저녁 서호 호숫가에서 상영하는 무용극인 '인상서호(Impression West Lake)'를 감상하였다.

인상서호는 중국의 4대 고사인 〈백사전白蛇傳〉을 새로 각색한 것이다. 백사전은 우리나라에서도 변형되어 전해 내려오는 옛이야기

●의사동인 박달회 수필집 제39집

꽃이 피네, 꽃이 지네

초판 1쇄 인쇄 2012년 11월 27일
초판 1쇄 발행 2012년 12월 04일

지은이 박달회
펴낸이 박성주
책임편집 박정혜
편집디자인 이한나 · 송하나
교정 한수빈
펴낸곳 도서출판 지누
출판등록 2005년 5월 2일
등록번호 제313-2005-89호
주소 121-737 서울시 마포구 마포동 35-1 현대빌딩 908호
전화 02-3272-2052 **FAX** 02-3272-2053
홈페이지 www.jinubooks.com
전자우편 seongju7@hanmail.net
인쇄·제본 (주)갑우문화사

값 12,000원

ISBN 978-89-957903-7-3

껴안고 극복하면서 성숙하게 되어, 이 세상 모든 것에 사랑과 자비심으로 눈물을 흘릴 수 있을 때, 이러한 넉넉한 사람의 마음과 눈물이 무엇보다도 가장 소중한 것임을 깨달을 때, 백소정이 그토록 되고자 하는 참 인간이 되는 것이다.

학회를 마치고, 유람선을 타고 서호를 건너 금산사와 뇌봉탑을 방문하였다. 벽돌로 쌓은 오층 전탑인 뇌봉탑은 경관과 높이로 유명하여 중국 고대 산수화에도 서호와 함께 곧잘 등장하고는 했는데, 일본 왜구의 침입으로 파괴되었다. 그러나 지금은 잔재를 잘 보수하여 관광지로 만들고, 부서진 옛 벽돌조각은 예로부터 '아이를 생기게 하는데 효험이 있다' 하여 우리 돈 만원에 팔고 있었다, 중국인민공화국의 공인 인증서와 함께. 백소정과 허선 부부의 염원이 효력을 발휘한다는 것이다. 빤히 보이는 중국 사람의 장삿속이지만, 우리 부부는 갓 시집간 둘째딸 수진이에게 주려고 한 조각을 구입하였다. 마음속으로 백소정과 허선의 아름다운 사랑을 기리며…….

소중한 것인가를 이야기한다. 도술을 갖춘 백소정이 그토록 되려고 갈망하는 사람이 얼마나 소중한 존재인가? 백소정이 그렇게 지키려고 했던 우리 일상적인 생활과 가족관계.

이 극의 중심 소재는 사랑이다. 처음에는 두 청춘의 철없는 그러나 자연스러운 사랑이다. 이어 부부가 되고 아이를 가지면서 사랑은 성숙하여지고, 구렁이의 정체를 알면서 사랑은 고통이 되고, 고난을 이겨가면서 사랑은 고귀하여진다. 백소정이 남편을 살리기 위하여 임신한 몸으로 영지를 찾아 헤매는 사랑, 이 사랑을 깨닫고 아내가 갇힌 뇌봉탑을 보살피는 중이 된 남편.

이 극의 결말은 이별이지만, 결론은 어떻게 보면 사랑의 승리이다. 두 청춘의 불장난 같은 사랑에서 평범한 부부의 사랑으로 이어지고, 고난을 이겨가면서 영원한 사랑으로 발전한다. 나는 마지막이 매우 암시적이라고 생각한다. 관음보살의 권유에 따라 백소정이 모으던 여덟 사람의 눈물방울. 마지막 하나를 끝내 못 모으고 뇌봉탑에 갇혀 사라진 인간으로의 꿈. 허선이 바깥에서 돌보는 탑 속에 갇힌 채 불법佛法에 막혀 사랑하는 남편을 못 만나고 죽어가는 백소정. 이에 더욱 슬프고 애잔하여서 탑 속에서 시간을 삭히어 보석이 된 눈물방울. 그러나 무너진 탑 속에서 부인 대신 보석이 된 7개의 눈물방울을 발견한 허선은 너무나 아내가 애처로워 연민과 참회의 눈물을 흘렸을 것이고, 마침내 눈물방울은 8개가 되어 백소정은 그제야 사람으로 변했을 것이다.

사람이 한 평생을 살면서 이런저런 어려움과 고통을 겪지만 이를 기자들이 청춘의 사랑과 행복, 이별과 동경을 몸으로 표현한다. 유명한 영화음악 작곡가인 기타료의 음악에 중국 최고 가수인 장량잉이 부르는 주제가가 애잔하게 극 전편에 흐른다.

'서호는 밝은 날보다 안개 낀 날이 더 아름답고, 안개 낀 날보다 비오는 날이 더 아름답다. 비오는 서호에서 만나고, 또 헤어진 사랑의 기억……' (이 광경은 도저히 글로 표현할 수가 없다. 관심이 있으면 인터넷에서 인상서호를 검색하면 수많은 동영상을 볼 수 있다.)

백사전은 중국 뿐 아니라 우리나라에도 전래되어 왔던 설화이다. 수많은 개정본이 있고, 이 재래설화에다가 불교가 도입되면서 내용이 다양하게 변하였다. 여기에, 송나라, 명나라 시대를 거치면서 항주지방에서 상공업이 발달하고, 이에 개화된 민중의식이 백사전의 내용을 변형시켰다. 어느 개정판에는 허선이 약국을 차리고 백소정이 구하여 준 영약을 팔아 큰 부자가 되는 내용도 있다. 이야기의 끝도 두 부부가 재결합하는 해피엔딩도 많은데, 장예모 감독은 '인상서호'에서 부부가 영원히 헤어지고 끊어진 다리인 단교에서 서로 못 만나 안타까워하는, 슬퍼서 더욱 아름다운 비극으로 마감하였다.

인상서호가 내 가슴에 닿은 것은 장예모 감독의 탁월한 기획 연출과 기타료의 애잔한 음악 때문이기도 하지만, 이들이 각색한 무용극의 내용이었다.

이 극의 중심 사상은 지극히 인간중심적이고 인간존중이다. 평범한 듯 보이지만 우리 남녀의 부부생활이, 일상생활이 얼마나 행복하고 다가 힘이 지친 백소정이 단단한 벽돌탑인 뇌봉탑雷峰塔에 갇히게 된다. 뒤늦게 아내의 사랑을 깨달은 남편은 백소정을 구하고자 머리를 깎고 중이 되어 이 탑을 청소하며 지키게 된다.

이러한 허선의 지극한 정성에도 불구하고 백소정은 뇌봉탑에서 빠져나오지 못한다. 장마가 심하였던 어느 날 밤 번개가 무성하게 치고, 놀라 뇌봉탑으로 달려 간 허선의 눈앞에서 탑은 그만 낙뢰에 맞아 무너진다. 무너진 탑 안을 애타게 헤매던 허선은 흰 구렁이 대신 반짝이는 보석 7개만 찾는다. 백소정이 그토록 찾던 8개의 눈물방울 중 7개인 것이다. 나머지 한 사람의 눈물방울을 얻지 못하여 인간이 되지 못한 백소정의 한과 부부의 이별을 상징하는 듯, 슬픔만큼 아름답게 보석은 빛나고 있었다.

이 내용을 어둠이 가득한 서호 호숫가를 배경으로 하여 공연한다. 사방은 어둡고 뒤로 실제 이야기의 무대인 정자와 단교(끊어진 다리)가 보이고 호수는 무성한 버드나무와 지천으로 자란 연잎으로 덮여 있다. 저 멀리 산등에는 금산사와 무너진 뇌봉탑도 보이는 듯하다. 500여 명의 무용수들이 호수 위에서 만남과 사랑과 이별을 연기한다.

이 아름답고 슬픈 이야기를 장예모 감독은 뛰어난 예술 감각으로 물과 빛과 무용과 음악으로 새로 빚어내었다. 호숫가에 무대를 만들고 무대를 10cm 가량 찰랑이게 덮은 호숫물 위에 환상적인 빛과 색의 조명이 어우러진다. 이 위를 걸어 다니며, 때로는 배를 타면서 연이고, 중국에서는 항주의 서호가 실제 배경이다. 이 전래설화는 중국국립경극단의 단골소재이고, 다른 무용극, 연극, 뮤지컬, 영화, 만화로도 계속 만들어져 오고 있다. 인상서호는 북경올림픽 개막식을 총지휘한 장예모감독과 일본 음악가인 기타료가 함께 만든 현대식 수상水上 무용극이다.

서호에 백소정白素貞이라는 천년된 흰 구렁이가 살고 있었다. 깊은 호수 속에서 인간세상을 동경하던 구렁이는 아리따운 처녀로 둔갑하여 이 세상을 구경하고는 하였다. 어느 비 오는 날 인간으로 변신한 백소정은 서호 다리 단교斷橋에서 우연히 허선許仙이라는 선비 청년을 보고는 한눈에 반하게 된다. 백소정은 도술道術로 비가 오게 하여 허선에게 우산을 빌리고, 이것을 빌미로 다시 만나고 서로 사랑하게 된다. 백소정과 허선은 부부의 연을 맺고 재미있게 이 세상의 여느 부부처럼 살면서 아이도 가지게 된다. 그런 중에도 백소정은 진정한 인간으로 변하여 허선과 영원히 같이 있고 싶어, 관음보살이 일러 준 비법에 따라 인간이 되는데 필요한 8개의 눈물방울을 남편 몰래 찾아 헤맨다.

그러나 어느 날 금산사의 도통한 노승 법해法解에게 백소정의 정체가 탄로 난다. 사랑하는 부인이 인간이 아닌 구렁이라는 스님의 암시에 의심이 생긴 허선에게 백소정은 본래의 모습이 폭로되고, 이에 너무 놀라 남편은 실신하여 목숨이 위험하게 된다. 백소정은 임신한 몸으로 험한 봉래산을 찾아가 어려움 끝에 묘약인 영지를 구해와 허선을 되살린다. 그러나 놀란 허선은 법해스님을 따라 금산사로 피신하고, 백소정은 홍수로 금산사를 침몰시킨다. 구렁이와 스님은 서로 무예를 겨루며 싸우